人生が**確実に**変わる
大愚和尚の答え

TAIGU GENSHO'S 一問一答 公式

大愚元勝 Taigu Gensho
福厳寺住職

飛鳥新社

はじめに

この本を手に取られたということは、きっと何か悩みを抱えているのでしょう。
悩みというほどでなくても、漠然とした停滞感を抱えているかもしれません。

もしそうなら、一つだけ断言できることがあります。
今までのあなたのやり方を続けていては、何も変わりません。

例えるなら、窓にぶつかって外に出られない、ハエのようなものです。
「このやり方しかない」と思って、一所懸命にガラスに突進している。
何度も頭をぶつけて、「痛いよ」「苦しいよ」と泣いている。
外に出ることに頭がいっぱいで、周りが見えていないんですね。

でも、朗報があります。

窓は開いているんです。しかも、そこからほんの五センチのところに。
目の前に出口があるのに、見えていないだけなんです。

本人は気づきません。
周りで見ている人には、窓が開いていることがわかります。
親切心から、アドバイスしてくれる人もいたかもしれません。

あるハエは、五センチだけ左にズレてみました。
すると、窓から外に出ることができました。

別のハエは、五センチだけ後ろに下がってみました。
すると、出口が見つかって外に出られました。

一匹だけ、ガラスにぶつかり続けているハエがいました。

うまくいっていないのに、そのやり方から離れられない。

「こうでなくてはいけない」という思い込みが強すぎるんです。

その思い込みが、生きづらさをつくっているのにもかかわらず。


「私はそんな愚か者じゃない！」なんて思うかもしれませんね。

本当にそうでしょうか？

気づいていないだけで、程度の差はあれ多くの人が、この愚かさのワナに陥っています。この先を読んでいただければわかりますが、私もそうでした。

失礼を承知で申し上げれば、そうでなければこの本を手に取ったりはしません。


でも、大丈夫。

愚かさを超えていく方法を発見し、伝えてくださった方がいらっしゃるんです。

それが、お釈迦様です。

苦しみの根本原因を明らかにした人、混迷から抜け出して真理に目覚めた人、そのような人をサンスクリット語でブッダ（仏）と呼びます。

そのブッダの教えが仏教です。

仏教というと、お経やお葬式といった線香臭い宗教だというイメージがあるかもしれませんが、実際はそうではありません。

悩みを手放して、自由に軽やかに生きていく具体的方法が伝えられているんです。漠然とした生きる苦しみから人間関係、そして仕事などの現実的な問題まで、すべてをカバーした世界最高の知恵、それが仏教です。

世界最高だなんて、言いすぎだと思うでしょうか？

私自身、お釈迦様の教えには本当に救われてきました。

死んでしまいたいと思うような苦しみを、手放すことができました。

私は事業家でもあるのですが、お釈迦様の教えに従うことで、幾度となく訪れたピンチを潜り抜けて、一つの事業グループを育てることができました（今は一線からは退いています）。

「仏教は実生活や仕事には役立たない」というイメージを覆したい。

そして悩みや苦しみを抱えた皆さんに、お釈迦様の知恵で少しでもラクになっていただきたい。

そんな思いで、六年ほど前にYouTubeで一問一答というチャンネルを始めました。

皆さんから寄せられたお悩みに対して、お釈迦様の知恵と私の経験を交えてどのように解決できるのかをお伝えしていったんです。

誰にも相談せずに細々と始めたものですが、だんだんと広まっていき、二〇二〇年九月現在で二八万人もの方がチャンネル登録してくださっています。

「生きるのがラクになった」「背中を押してもらえた」「人生が変わった」などの声をお手紙やYouTubeのコメント欄でいただいており、私がやってきたことは間違っていなかったのかな、と思っています。

さきほど、窓ガラスにぶつかっているハエの話をしました。

お釈迦様の教えとは、自分が窓ガラスにぶつかっていることに気づき、開いている窓を見つけて、そこから出ていく方法です。


これは仏教でいう、執着を手放すということでもあります。

何かに執着してしまうと、それしか見えなくなったり、物事の見え方が固定化してしまいます。

視野が狭くなって大切なことを見落としてしまったり、ありのままに物事を見ることができなくなってしまうんです。

そんな状態で、物事がうまくいくわけがありません。


身近な例として、ビジネスのことを考えてみましょう。

「儲かりたい」とばかり考えていたら、目先のことばかりにとらわれて、せいぜい数百万円くらいしか儲けることができません。

しかし、「人の悩みを解決したい」「人のお役に立ちたい」という視点にシフトすることができたら、視野がものすごく広がっていきます。

するとどうなるか？

数億円のビジネスを育てていくことも可能になります。

ウソではありません。私が経営指導をしていく中で、そういう飛躍的な成長を遂げていく人を何人も見てきました。

視点のシフトというのは、行き詰まりや固定観念を打破する唯一の方法なんです。

だから、アップルの創業者であるスティーブ・ジョブズも、マイケル・ジョーダンを育てたフィル・ジャクソンも、仏教や禅に傾倒したんだと思います。

これはビジネスに限りません。人間関係、恋愛、結婚、科学や研究、そして個人の幸せなど、すべてに言えることです。

「つらい」「苦しい」「嫌だ」とばかり考えていて、幸せにはなれませんよね。

執着を手放し、視点のシフトを促していくのが、お釈迦様の教えであり、私の

YouTubeの一問一答です。

一問一答では、最後に必ず処方箋を出しています。

いい話を聞いただけで終わらないように、そして皆さんの生活の中で実践できるように、お釈迦様の知恵を基に具体的な指針を差し上げるようにしています。

その処方箋こそ、実は窓ガラスにぶつかっているあなたに、たった五センチだけ横にズレていく方法をお伝えしているものなんです。


今回、一問一答を書籍化するにあたり、全約四五〇動画（二〇二〇年八月時点）で出してきた処方箋から、特に人生を変えうるものを選んでまとめたのがこの本です。

一問一答のベスト版と言っても過言ではありません。


この本を読んだら、実際に五センチ動いてみてください。

たった一つでもかまいません。実際に試してみてください。

必ず人生が変わります。今いる場所から、大きく動く必要もありません。

ほんの五センチ動くだけで、悩みの出口が見つかっていくんです。

一つだけ、コツをお伝えしましょう。
意外かもしれませんが、思い切ってバカになること。
そうでもしないと、今までの自分を捨てることはできません。
一番ダメなのが、賢いフリをすること。
いっそ、バカを突き抜けた「大バカ」になってしまいましょう。

この本を手に取ってくださったあなたには、仏教でいう求道心《ぐどうしん》があるはずです。
ぜひ、勇気を出して一歩踏み出してみてください。

あなたが「悩み」の出口から脱出し、幸せな人生を歩んでいかれますように。

大愚元勝

人生が確実に変わる 大愚和尚の答え 一問一答公式◎目次

第二章◎悩みと戦ってはいけない

第三章◎ひたむきさが人生を変える

第四章◎物事を成すには方法がある

第五章◎慈悲心があなたを救う

第六章◎平常心が一番すごい

第七章◎私たちは生かされている

第一章
停滞感を吹き飛ばせ

1

体の声を聞け。

2018/05/10 【大愚メルマガ】大愚和尚の半生01「一問一答を始めたきっかけ」

「もう終わりにしていいですか」

彼女はバッグからカミソリを取り出し、突然自分の手首を切りました。

私はとっさに彼女の頬を打ち、彼女はカミソリを落としました。幸いにして、大きな傷ではありませんでした。

今から一〇年ほど前のことです。

彼女は、親に連れて来られた高校生でした。受験に失敗し、そしてつきあっていた年上の彼氏にも振られ、うつ状態、ノイローゼのような状態になっていた。

「もう私なんか生きている意味がない」と、何度も自傷行為をして、自殺を図り、拒食と過食を繰り返していました。なす術を失っていたところに、お母さんが私の噂を聞いて、はるばる東京から愛知県の福厳寺へ相談にいらっしゃったのでした。

私の行動が予想外だったのでしょう、彼女はそれ以上興奮することはなく、ただ静かに泣いていました。

彼女の心と体は、完全に乖離《かいり》していました。心が暴走していたのです。

誰にでも、死んでしまいたいと思うことはあります。私にもありました。

自殺を図って、手首を切る。それが致命傷になれば、命を断つことはできる。

確かに彼女の心は死にたいと思っているかもしれません。

でも、考えてみてください。体は死にたいと思っているでしょうか？

包丁で指を切ってしまっても、転んでひざを擦りむいてしまっても、その瞬間から、その傷の懸命なる修復作業が始まります。

血液が固まり、かさぶたができ、傷が癒《い》えていく。

そう、私たちの都合や気持ちとは関係なく、体はいつも全力で生きようとしているのです。


自分の心、つまり気持ちばかりを優先して、体の声を聞こうとしなければ、いつの間にかこのような乖離が起きてしまいます。私が彼女に手を上げてまで伝えたかったことは、そのことです。

その瞬間に、私は気づきました。

彼女は特別な存在ではないこと。誰もが大なり小なりこのような矛盾を抱えて生きている。苦しんでいる人は、他にももっとたくさんいるということに。

学生、主婦、サラリーマン、経営者……みんなそうです。世間体を繕《つくろ》うために、うわべではにこやかな顔をしているけれども、心中穏やかでない人たちが街中にゴマンといる。

私もそうでした。

あなたもそうではないですか？

僧侶の端くれとして、私に何ができるだろうか？

そう考えたときに、お釈迦様の知恵と私の体験が、何かしらの形で誰かの命を救うということにつながるのではないかと思ったのです。

どん底の状態にいる人が生きる希望を見出し、はい上がってくるきっかけになればいい。

そう願って始めた試みが、YouTube番組「大愚和尚の一問一答」です。

2

体を動かせ。

2017/03/21 「無気力」の原因と「やる気」を取り戻す法

私もかつてはなんだかやる気が出ない、無気力な学生でした。お金の苦労もせずに大学に行かせてもらっているのに、講義の内容なんて一ミリも頭に入ってこない。それでいて頭のどこかでは、「このままじゃまずい」と考え続けていた気がします。そこで思いついたのは、頭で考えるのをやめること。

とにかく体を動かすんです。

私の場合、空手道場に入門しました。痛いのもきついのも嫌いなのですが、あえて挑戦してみた。大学から近い寮を出て、わざわざ遠いアパートに引っ越しました。

お寺で育ったからかもしれませんが、私は知っていたんです。考えてばかりで気力がなくなったときは、頭じゃなくて「体」に戻ったほうがいいということを。

お寺というのは精神修行の場であると同時に、体の修行の場でもあります。朝から晩まで、とにかくよく体を動かします。

私が子どもの頃は、朝五時に起きてお勤めをし、境内を掃き清め、雑巾がけをし、ご飯の準備を手伝ってから学校に行く……そんな生活が当たり前だったんです。

寮を出てからも、当然、無気力でどうしようもなくなるときもあります。

そんなとき、私は二〇キロほどの距離を歩いて通学しました。雨の中、わざわざ乗っていたバイクを降りて、押して歩いたこともあります。

何時間もかけて、二五〇キロ近くある七五〇ccのバイクを押しながら、ずぶ濡れになって歩く。「絶対にエンジンをかけるものか！」と登り坂を意地で歩く姿は、側から見ればただのバカですね。友人にも笑われました。

でも、体の疲労に反比例するように、心が充足してゆく感覚を覚えたものです。

無気力の原因は、「便利で豊かすぎる」「モノや情報があふれすぎている」という現代社会にあるのかもしれません。

たとえば「モノ」。日々、天才クラスの人たちが、より便利で快適に、とすさまじいエネルギーと工夫を凝らして商品やサービスを開発しています。

たとえば「情報」。ＩＴの発達もあり、日々膨大な量の魅惑的な情報が、勝手に私たちの脳を直撃してきます。自ら苦労し、工夫し、体験することで生まれる「実感」を奪われ、無気力になってしまう。あるいは、ヴァーチャルの刺激に疲れ果ててしまう。そんな現象が起きている気がします。

わざわざバイクを降りて、何時間も歩くと、さすがに疲れます。限界になって一休みすると、ふと気づくんです。

いつもは通り過ぎるだけだった道端に、花が咲いていることに。野良猫たちが、楽しそうにじゃれ合っていることに。

感動的な出来事が起きるわけじゃありません。花は花、猫は猫、特別なものではありません。でも何気ない、当たり前の風景や出来事の中に、深い感慨を覚えるのです。

「みんな一所懸命、生きてるんだなぁ……」

そうすると無気力が消えていったんですね。

「頭を使うのをやめよう」なんてじっと考えても無駄なんです。

問答無用で体を動かしましょう。

3

姿勢を正せ。

2017/05/02　イジメられっ子の勝ちパターンは1日5分の○○にある

「この子を強くしてください」

私の空手道場には、そう言って我が子を連れてくる親がいます。皆、内弁慶で不器用ないじめられっ子ばかりです。もう二〇年以上も指導をしていますが、その傾向は変わりません。活発でみんなとうまくやれる子は、サッカーや野球などの人気クラブに自分から入りますから、道場には来ないんです。

「いじめられっ子が強くなる」というのは武道の意義の一つ。しかしそのために、私がまず目を向けるのは、その子の性格ではありません。

励まされて元気が出ますか？　大声で怒鳴って強くなりますか？　泣くなと言われて泣かない心が育ちますか？　あり得ませんよね。

じゃあ何に着目するかといえば、「心・技・体」の一番入りやすいところ。つまり、体から入るんです。心からは決して入りません。

禅の修行では「進退《しんたい》」について非常に厳しく言われます。進退とは立ち居振る舞いのこと。禅道場の場合は、合掌して頭を下げる動作、歩く動作、立ったり座ったりする動作、お袈裟《けさ》の付け方、食べ物を口に運ぶときの動き、食べた箸をふいて元の位置に戻すときの所作、鐘の鳴らし方、木魚の叩き方、お経本の持ち方……などなど。禅の道場に行くと、まるで重箱の隅をつつくように、一日中細かく厳しく注意されます。それだけ、体から入っていく「進退」は修行において大切だからです。

禅の影響を強く受けている武道にも「心技体」という言葉がありますが、これは習得するのが難しい順番なんです。

だから初心者は心でもなく、技術でもなく、体から習得するのが一番良い。

いじめられっ子の場合も、「心を強くする」のは最後に習うべき上級ワザであって、人づきあいのテクニックもまだ早い。まず体から始めるのが一番です。

いじめというのは、子どもだけの問題ではありません。職場のいじめ、大人のいじめもたくさんあります。人間はフラストレーションや不安、行き場のない怒りが溜まったとき、それを弱き者にぶつけてしまうという弱さを持っています。

もしかしたら、あなたもそのはけ口にされたことがあるかもしれません。

まずは体から変えていきましょう。

私がお勧めするのは「正座」です。

まず、足を重ねる「しびれない座り方」はしないこと。骨盤は前傾させ、胸の中心の骨を斜め上に向け、頭を天井に突き上げて、肩を落とします。首を長くするイメージです。このような姿勢で座ったら、両手のひらを太腿の付け根に置き、五分間、心を落ち着けてまっすぐ前を見つめましょう。

実はこれは坐禅と同じ姿勢です。だから体に力を与えてくれます。

まっすぐに、まっすぐに、縮んだ体を縦に伸ばし、うつむいた顔を正面に起こし、フラつく視線を一点に定める。堂々と、リラックスして、ライオンになったかのように体の力を感じましょう。正座は人間の体がもともと持っている力を引き出し、その力を心に与えてくれます。だから「正しい座り方」と書くのです。

もし弱い自分を変えたいのなら、一日一回五分間の正座を本気で三カ月間、続けてみてください。必ず体が変わります。

あなたを軽んじていた人の、あなたを見る目が変わっていくはずです。

4

「やりたくない」は無視。

2016/05/25　動けば消える!?「めんどくさい」の仕組み

私はお坊さんとして修行生活を送っています。

でも人間ですから、怠けたいときもあります。住職としての役割もありますし、会社の経営もしていますから、くたびれることもあります。

皆さんもそうじゃありませんか？

「やらなければいけない」と頭ではわかっているけれど、行動できない。何をやるのもめんどくさくて動きたくない……。

最初の一歩が踏み出せず、行動に移せない人は、とっても多いみたいです。

「これじゃだめだ」と頭ではわかっているのに、なんとなくテレビをつけ、だらだらとスマホを眺める。大切な時間を浪費するばかりで、どんどん自分が嫌いになる。

すると、手足を縛られたみたいに、ますます動けなくなる……。悪循環ですよね。

「嫌だな」って思っても、すぐ行動に移せば意外とできてしまうものです。

行動に移すまでの時間が長くなればなるほど、そこにさまざまな感情が入り込んでしまって、行動できなくなります。

もし、「何をどうすればいいのかわからない」「やり方がわからない」のであれば、すべきことと手順を明確にすべきです。

それでも動けないときは、感情や心を大切にしすぎているのかもしれません。現代人は特に、自分の考えや感情に重きを置きすぎている、そんな気がします。

仏教に「身口意《しんくい》の三業《さんごう》」という言葉があります。私たちが日々どのように行動し、何を話し、そして何を思うか、その一つ一つを「業」と呼びます。

生きるとは、「身口意の三業」を毎日積み重ねることなんです。

ここで注目したいのは、三業の順番が「身→口→意」だということ。最初に「身」が来る、というこの順番こそ即座に行動するためのポイントなのです。

「身→口→意」の順番ですから、まずは体から。

心は優柔不断で、臆病者。頭は頑固で言い訳ばかり。

あれこれ考えたり、文句を言う前に、行動を起こしてしまいましょう。

私たち人間は、人間である前に動物です。

動物というのは「動く物」と書きます。行動するから、行動力が増していく。行動するから経験が積み重なって、心に自信と余裕が生まれてくる。体が先、心が後なんです。ここを勘違いすると、動きたいのに動けないというジレンマから、心がくたびれてしまいます。

体は動くこと（身）によって楽しさ、心地よさ、チャレンジする喜びなど、さまざまなことを感じとりエネルギーとして蓄えます。それを言葉にすること（口）でエネルギーはさらに強化され、その結果として気持ちの良い感情（意）が生まれてきます。心がエネルギーや良い感情に満たされていれば、より体を動かしやすくなる（身）。

「身→口→意→身→口→意……」

この好循環が生まれてくれば、あとは体が勝手に動きます。

「よく考えて行動しよう」というのは正しそうですが、実は机上の空論なんです。実際に結果を出している人や、なりたい自分をつくり上げている人たちは、必ず先に行動を起こしています。

時には直感や好奇心に従って、行動してみてはいかがでしょうか？

5

疲れ知らずの口ぐせ
「よっしゃ!」

2014/10/18　仕事のストレス解消法―たった一つの意識があなたをやる気にする

米シンシナティ大学のカミット・デービス博士による、心理的ストレスの研究があります。実験で行ったのは、荷物を左右に振り分けるという単純作業です。

初めに、迷う余地のない明確な指示を与えて作業をさせました。次に、「表示された七桁の番号のうち三桁目と五桁目の数字を足して、偶数なら右、奇数なら左」という面倒な指示を与えて作業をさせ、それぞれ腰椎にかかる負荷を測定しました。

なんと、七〇キロもの負荷が増加したんです。

これは、精神的なストレスによって、肉体的な負荷も増えることを意味します。

同じ職場で同じ量の仕事をしていても、すぐに心身を病んでしまう人と、元気で長続きする人とがいる。

この差は何なのか？

ひょっとしたら、「嫌だなぁ」「面倒くさい」と思って仕事をするのか、「よっしゃ！」と受け入れて仕事をするのかの差なのかもしれません。

私も夜中の二時まで原稿を書いたり、同時に五つ、六つの仕事をしたりして、それでも朝は五時に起きる生活をすることがあります。しかし世の中には、もっと大変な仕事を続けていらっしゃる方がゴマンといるわけです。

彼らがどうやって精力的に仕事をこなしているのかといえば、シンプルです。

まず、「しゃあないや」と完全にあきらめ、開き直る。

その上で、「よっしゃ！」と気分を切り替えているだけなんです。


これは練習によって培《つちか》うことができます。

まず、大変な仕事を前にしたとき、「やりたくないなぁ」「できるかなぁ」という不満や不安をいったん横に置いておきます。

次に「よっしゃ！　どうやったら早く終わるかな？」と効率を考える。「よっしゃ！どうせなら集中してやろう」と決意する。これを繰り返すうちに、同じ仕事でも、疲れ方とパフォーマンスがまるで違ってくるのです。

以前、空手のジュニアチームを指導したことがあります。「精神的指導もお願いします」とコーチから依頼されて、坂道ダッシュを三〇本させました。

チャンピオンを何人も輩出している強豪チームなので、ダッシュ一〇本なら余裕。そこで、普段の三倍ダッシュさせました。個々の精神的弱さが見たかったのです。

私の目論見通り、最初は快調にダッシュしていた子どもたちは、だんだんヘトヘトになりました。しかし「ラスト二本！」となると、急にみんな元気に走りました。

そこで私が「一〇本追加！」と言ったんですね。するとほとんどの子は「えーっ！」と不満を漏らした。しかしチームの中でダントツの戦績を持っていたO君は、「しゃーねーな」って瞬間的に切り替えて、さっさと走り始めました。

そればかりか周りのみんなに「おまえら、一本から数えるんじゃなくてさ、一〇本、九本、八本って数えて走ろうぜ」と提案したのです。この発想が出てきて、さらに周りに呼びかけるあたりが、圧倒的な強さのゆえんなんです。

後にO君からは、「全日本大会の決勝で延長戦になったとき、『あと一〇本！』って和尚様に言われたダッシュを思い出して頑張れました」という手紙が届きました。

人生では、「あと一〇本！」みたいな想定外のことが一番疲れたときに起きます。そんなときに「よっしゃ！」で切り替え、前を向けることが本当の強さなのです。

6

皿洗いを極める者は人生を極める。

2018/06/05　究極の日常—人生で大切なことは、毎日の繰り返しの中にあるある道場で、小僧さんたちが修行していました。そのうち一人は、掃除を真面目にやらなかった。そこでお師匠さんが「おまえはなんでちゃんとやらないんだ」と尋ねると、小僧さんは答えました。

「掃き掃除に、ふき掃除。毎日同じことの繰り返しで、つまらないです」

それを聞いたお師匠さんは「そうか」と言って、その小僧さんに昼ご飯を食べさせませんでした。小僧さんはしばらく我慢していましたが、お腹がすいてたまりません。とうとうお師匠さんに訴えました。

「もう、お腹がペコペコです。私が悪かったです、ご飯を食べさせてください」

するとお師匠さんは答えました。

「おや？　同じことの繰り返しが嫌だと言っただろう？　ご飯なんて朝食べて、昼食べて、晩に食べての繰り返し。繰り返しが嫌だと言うから、省いてあげたんだ」

お師匠さんはこの小僧さんに、掃除をサボった罰を与えたわけじゃありません。

生きるとは、毎日同じことを繰り返すこと。その当たり前のことを、このお師匠さんは小僧さんに教えたかったたんです。

家事なんてその代表ですね。朝食を作って食べてお皿を洗い、ちょっと洗濯や掃除をしたらもう、昼ご飯を作る時間。食べたらまたお皿を洗い、買い物に行って洗濯物を取り込んだら、もう夕ご飯を作る時間がやってきます。

家事に限らず、仕事だろうと何だろうと、人生は同じことの繰り返しです。

私もお皿を洗いますが、楽しいですよ。全然嫌じゃありません。同じことの繰り返しの中に、毎日違った発見があるからです。喜びと楽しみがある。深まり、高まっていくものがある。

お釈迦様の教えに「諸行無常《しょぎょうむじょう》」という言葉があります。時間的・空間的にこの世の中のすべてのものが死滅に向かって変化し続けているという意味です。代わり映えしない顔も昨日より老いて、同じに見える木も昨日より季節を進めています。

絶えず違うことをしている人間は、細やかな変化に気がつきません。同じ作業を繰り返すからこそ、変化に気づくことができる。

小さな変化に気づく力を、感性と呼びます。感性を鈍らせたまま生きていくのは、もったいないことです。

無心にひたすら皿洗いをする。一所懸命に皿を洗う。

誰にも褒められないし、認められません。

でも、あなたが成長し続けているならば、毎日小さな発見があるはずです。

変化が感じられないとしたら、あなた自身が成長できていないのかもしれません。


お皿洗いをしていると、「この洗剤のほうがよく落ちるなぁ」なんて発見があったり、「こういう順番で洗ったら効率的かな」なんて工夫をしたりします。

掃除、洗濯、育児、お使い、その他雑用……。それらすべてに新しい発見があると思って、とことん工夫してやってみましょう。だんだん楽しくなってくるはずです。

そうやって日々の工夫を楽しむ習慣をつけると、あなたという人間がものすごく成長します。家事が上手になり、仕事もできるようになり、最後には仕事と家事との区別がなくなって、どちらも充実した楽しい時間になっていく。

これこそが究極の日常であり、究極の幸せなのです。

7

道場の門を叩け。

2017/11/17　強い意思がなくともやめられる悪習慣

道元禅師の言葉に「行持《ぎょうじ》」というものがあります。行持とは「日々の習慣」を指し、禅のお坊さんにとって、とても大切な教えです。

心に思うこと、話す言葉、体の動作。これらの習慣一つ一つが行持です。道元禅師が伝えたかったのは、目的達成のカギを握るのは、行持すなわち習慣だということ。

「日々の習慣を徹底的に見つめ、一つ一つを洗練して、ていねいに真剣に行いなさい」というのが禅の教えなんです。

生きるということは、特別なことではない。毎日の小さな習慣の積み重ねでしかない。だからちょっとした日々の習慣でも、人生に大きな影響を及ぼします。

ある相談者さんは、こんな悩みを打ち明けてくれました。

毎日夕飯後にソファでテレビを見ていると、寝てしまう。夜中に目が覚めて、ベッドで寝直してもよく眠れず朝起きられない……。

他にも、お酒の飲みすぎ、食べすぎ、ゲームのしすぎ、パチンコやタバコがやめられないなど、ちょっと深刻な、一歩間違えれば依存症に踏み込んでしまうような悪しき習慣もあります。

もし、あなたにも悪い習慣があるなら、自分の過去一カ月を振り返ってみてください。同じ悪いパターンが繰り返されていることに気づくはずです。

一方、世界的に活躍しているアスリートや突出した修行僧は、必ず良き習慣をもっています。彼らはどうやって、それを身につけたのでしょうか？

彼らは、人間が意志の力だけで高い目標を達成できるほど強くないことを知っています。そこで「師匠」の力を借りて、良い習慣を身につけているんです。

強くなりたいボクサーは、ジムに入会してトレーナーの力を借ります。空手家は、優れた師匠がいる道場に入門します。修行僧は、本物の師匠のいる道場にこもります。コーチ、トレーナー、師匠などの力を借り、集中できる環境の中で良き習慣を徹底的に身につけたから、成功しているんです。

悪い習慣がやめられなくても、安心してください。意志の力だけで自分の習慣や環境を変えられる人は、この世の中にほとんどいないんです。

そこでお勧めしたいのは、「道場に入門」すること。

体を鍛えたい、やせたい、スポーツがうまくなりたいというなら、ジムなり教室に入るといいでしょう。仕事で成功したいなら、ビジネススクールに通ったり、尊敬する人のカバン持ちをしてもいいかもしれません。良き習慣と環境を持つ人の側に侍《はべ》って、全身全霊でその人の影響を受けにいくのです。

もちろん、自分で環境を変えることもできます。

一つは、順番を変えること。部屋やデスクまわりが散らかっている人が、一日の終わりに片づけようとしても、なかなかできません。だから朝、先にやる。

食後にソファで寝てしまう習慣を変えたいなら、ソファをテレビから離してもいいし、いっそソファを捨ててしまってもいい。あるいは、ある時間がきたら暗くなる照明器具を買ってもいい。思いきって先行投資をしたり、何かを手放したりすれば、覚悟も決まって習慣を変える助けにもなるでしょう。

とにかく、自分自身を変えようとするのではなく、環境を変えなさい。

その中で、尊敬できる師匠を見つけて師事することができれば最高です。

8

死ぬ気でやったとき、人は生まれ変わる。

2019/09/20　目の前のことに「一所懸命」取り組みなさい

人間、いくら変わりたいと思っても、そう簡単には変われません。

しかし、死を間近に感じて、生き方が変わることがあります。たとえば大変な交通事故に遭《あ》って一命を取り止め、内面に劇的な変化があったという人もいます。

「一度死んだと思ったら、細かいことはどうでもよくなりました。自分の命や周りの人たち、与えられているすべてのものに対しての感謝で心が満たされました」

その方のお話を聞いていて、私は「大死大活《だいしだいかつ》」という禅の言葉を思い出しました。

「大死」とは、肉体が死を迎えることではありません。それまでの自分の価値観、常識、囚《とら》われに対する執着を捨てきった境地を言います。

「大活」とは、大死によって、それまでの人生で培った自分の考えや価値観や物差しがなくなり、智恵の目で物事が見られるようになるさまを言います。

病気、事故、災害、死を感じるような体験は、遭ってしまったら運命を恨むしかない、つらいだけのものではありません。自分の価値観を大きく変えて、生き直すきっかけにもなるということなんです。

「お坊さんになる」と決めてから、私は多くの死に立ち会ってきました。私自身、薬に対してのアナフィラキシーショックで救急搬送され、心肺停止の寸前までいってしまった経験が三度もあります。

私にとって死は怖いものじゃないんです。「死ぬかもしれない」という体験をした後に思ったのは、「命があるうちになすべきことがあり、それをやっておかなければいけない」ということでした。

死に直面したからといって生活が変わったわけでもなく、外面の変化もありません。ただ、自分の内側で大きな変化が起きたということ。一回死んだことで、新しい命を新鮮に生きられる、そんな感覚になったという話なんですね。

念のためにお伝えしておきたいのですが、「命を脅《おびや》かされる出来事が起きないと、命に感謝できないし、満たされた気持ちにもなれない」という話ではありません。

何事もない、むしろ停滞した日々の中でも、「大死大活」して新しく生まれ変わる方法があるんですよ。

お釈迦様や武士は、それを「一所懸命」という言葉で伝えていました。今、目の前にあることに命をかけて、死んだつもりでやる。明日はないつもりで「今」に集中してやる。それこそが、必ず「大死」が起きる方法なんです。

一所懸命になると、好き・嫌い、めんどくさい・めんどくさくない、楽しい・楽しくない、恥ずかしい・恥ずかしくない、そういうレベルの自分の中の小さな壁が、どんどん壊されていきます。大事なのは「目の前のことをやる」ということ。

なんだっていいんです。

靴を揃《そろ》える、食器を洗う、くだらないとかつまらないとか、いちいち考えるのはナシです。「何のためにこれをやるんだ?」と考えているうちは、命がけじゃありません。

あれこれ考える余裕があったら、一所懸命になっていない証拠です。

たまたま回ってきた雑用でもいい。とにかく「明日死ぬんだ」というつもりで、命をかけて、一つのことに取り組んでみてください。

ひたすら続けていくと、突然、向こうから答えがやってきます。はっと物事の見え方が変わってきて、大いなる〝開き直り〟が起こるんです。

自分に大きな変革を起こすカギは、誰でもない、あなた自身が握っているんです。

第二章
悩みと戦ってはいけない

9

苦しみを力に変える。

2019/08/23　その苦しみは大事に持っておきなさい

私は以前、整体師をしていました。

ある日、よく来ていた大学生の患者さんの顔が気の毒なことになっていました。アトピーで顔が真っ赤に腫《は》れ、粉をふいているような状態だったのです。

アトピーはつらいですよね。夜、寝ているとき、かゆみに耐えられずにかきむしるので皮膚が傷だらけになり、そこからまた炎症が起きます。

「先生の治療でなんとかなりませんか？」

当時の彼は就活中の大学三年生。アトピーを言い訳にして、いろんなことから逃げている自分が嫌だと悩んでいました。

そこで、こう提案したんです。

「アトピーに向けていた強力なエネルギーを、あなたと同じような苦しみを抱えている人を救う方向に向けてみませんか？」

彼は「はい！」と即答し、大学を卒業してから私の整体院で働き始めました。彼は狂ったように働き、異常なまでに勉強をしていました。私が患者さんに説明をしているると、カーテンの奥からカタカタ音がするんです。彼がキーボードを叩く音でした。

私がどのような単語を使い、どういう順番でどう説明を組み立てるのか、どんな気配りをしているかまで、克明にメモを取っていたのです。

施術家になってからは、アトピーである自分の体と心の状態を観察しながらあらゆる治療法を自ら試し、同じ悩みを持つ者として患者さんに寄り添いました。

彼の施術家としてのキャリアが通算一万人に達した頃には、不思議なことに彼自身のアトピーの症状も驚くほど治まっていました。そして、整体院グループの総院長にまで上りつめたのです。

私のいる福厳寺では、毎年一二月に秋葉大祭という祭りを通じて「三毒を三徳に変える」という教えを伝えています。三毒とは「貪《とん》・瞋《じん》・痴《ち》」という心の猛毒で、それぞれ「欲・怒り・迷い」のことです。三徳とは、「智徳・断徳・恩徳」の三つ。真実を見る智恵徳、知恵によって執着を断つ徳、利他の精神を忘れない徳という意味です。

つまり、貪瞋痴という自己の内側に渦巻くネガティブなエネルギーを、他者に役立てるポジティブなエネルギーに変えていこうという修行なんです。

アトピーに悩んだことがある人ならおわかりだと思いますが、そのかゆみや痛みと戦って消耗するエネルギーは膨大です。

そのエネルギーは三毒でいうところの瞋、つまり怒りのエネルギー。そのエネルギーを、他人を助け喜ばせるために使ったらどうなるか？

あたかも劣勢だったオセロゲームが、ほんの一手で、黒が白に一斉にひっくり返っていく。そんな鮮やかな快進撃を私は目の当たりにしたのです。

あらためて人間の可能性を思い知らされた出来事でした。

歴史を振り返ると、氷河期や大地震、火山の噴火や飢饉《ききん》などうんとつらいこと、苦しいことがあったとき、それを乗り越えようとして人類は進化してきました。

苦しみが大きければ大きいほど、エネルギーが大量に蓄積されているのです。

それをポジティブな方向に向け直して一点突破すれば、必ず前進できる。

ですから、安心してください。悩む人には素質があります。

悩むエネルギーすらないというのが、一番困るのです。

10

欲望のエネルギーを目標にスイッチ。

2017/10/17 「やめたくてもやめられない」悪習慣を断つ意外な考え方

「お酒をやめたい」という男性から相談を受けたことがあります。アルコール依存症は病気ですから、専門の医療機関の診断も受けたそうです。

病院では「禁酒しなければならない」と言われ、それは本人もよくわかっているのですが、仕事が終わるとすぐ飲むし、飲みすぎて入院することもある。やめようとしているのにやめられない。だから、困っていたのです。

仏教には戒律、つまりルールが定められています。その中に、「不酤酒戒《ふこしゅかい》」つまり「お酒を飲むな」というのがあります。

なぜ修行僧がお酒を飲んではいけないかといえば、クリアな意識を保つためです。仏教は、とにかく慈悲心と知恵を大切に守り育む教えですから、意識が汚れたり、濁ったりして、理性的な判断ができなくなることを徹底して嫌います。

では、お酒がやめたいのにやめられない人は、何が問題なんでしょう？

問題は、「酒を飲んでいる自分」と戦っていることなんです。

「酒をやめよう」と自分に強く言い聞かせるほど、もっとお酒を飲みたくなります。なぜなら人間は、強い意志で何かを乗り越えようとすればするほど、厄介なことにその制約への対抗意識を強めてしまうからです。

お酒に限った話ではありません。タバコ、ゲーム、ギャンブルなどをやめようと思い、自分に禁じれば禁じるほど、そちらの方向へエネルギーが集まってしまう。「やってはいけない」と言われることは大概やってきた私が言うんですから、間違いありません。

禁止されればやりたくなるという人間の性質に、正面から向かっていったら、逆効果で余計にやめられなくなります。

禁じられて我慢して我慢して、それでも耐えられなくて飲んだお酒は強烈においしいので、その中毒性にますますやめられなくなる。悪循環です。

だから、禁酒をやめるのです。誤解しないでほしいのは、「気にせず、どんどん飲んじゃってください！」という話ではないこと。

「やめたいこと」をしたくなったら、その代わりに「やりたいこと」に取り組むのです。あなたが本当に望んでいることに、欲のエネルギーを振り替えるのです。

たとえば、たるんだお腹を引き締めるために走る。まだ読んでいない本を読む。パソコンのブラインドタッチをマスターする。

欲に対する興奮は、ピークを超えてしまえば収まってきます。

本来お酒が飲めない私ですが、二〇歳の頃にお酒がやめられなくなったことがあります。空手の試合で小さなタイトルを獲った後、「次の試合はもっと順位を上げなければ」というプレッシャーから、寝つきが悪くなったのです。体を休ませなければ怪我や事故につながるので、強いお酒の力を借りて眠っていたら、それが習慣になってしまったんですね。

これは良くないと思った私は、「飲んで寝たい」という欲望が芽生えたら、代わりに走ることにしました。自分の肉体に溜まったエネルギーを運動で発散すると、お酒を飲まずにすむようになりました。

欲望と戦ってはいけません。欲望に向けられていたエネルギーの矛先を、やるべきことにスイッチしていきましょう。

これができるようになると、人生にものすごく強い追い風が吹いてきます。

11

思う存分心配する。

2017/03/31　「心配性」の克服とプロフェッショナルの資質

おおらかでさっぱりした人は、「気持ちがいい人」と言われます。

逆に、細かくて心配性の人は「器が小さい」と見なされがちです。

心配性の人は、いちいち気になってしまうんです。

たとえば営業マンであれば、顧客を訪問した後、心配のドラマが始まります。

「今のお客様への説明は、わかりにくかったかも……」

「気づかないうちに、失礼なことを言って嫌われたかも……」

頭の中でぐるぐるとイメージが巡《めぐ》ってしまい、休みの日でも仕事のことが気になります。不眠症になる人もいます。

家族や友人に相談すると、返事はたいてい「気にしすぎ」です。本なんかにも、「考えすぎる人は、考えない時間を持ちなさい」なんて書いてありますよね。

何年もかけて染み付いた考えすぎる性格は、なかなか変えられません。心配したくてしているのではなく、無意識のうちに心配してしまうためです。心配性の人に「心配するな」と言うのは「息をするな」と言うのに等しいのではないでしょうか。

私なら、大声ではっきり、こう申し上げます。

「思う存分、心配しなさい！」と。

禅に「行持綿密《ぎょうじめんみつ》」という教えがあります。修行道場に行きますと、それは細かい、いろいろな作法がびっくりするくらい細かく定められています。私は大雑把な人間ですから、若い頃はこの行持綿密に反発していました。

「そんなの、どっちでもいいでしょう。いちいち気にしなくてもいいじゃないか！」

しかし、どんなこともすべて型どおり綿密に執り行うことも、禅の修行なのです。そのように細やかな心配りができる性質、心配性は悪いものではありません。弱みではなくて強みです。思慮深いという貴重な武器です。

大切なのは、その心配をどこに向けるか。自分が悪口を言われるかも、嫌われるかも、信頼されないかも、評判を落とすかも……。このように、自分のことを心配しているのは、単なるくよくよ病です。

すでにやってしまった過去について心配してもどうにもなりません。人がどう思うかを心配したところで、他人の気持ちをコントロールすることはできません。

でも、その心配性が仕事やお客様に向けられるなら、それは間違いなく長所です。一流と言われる経営者や芸能人は、みんな心配性です。細かいところまでよく気がつきますし、心配ばかりしています。いや、細かいことまで気がつくから一流のサービスや一流の芸ができるし、責任ある仕事が務まるのだと思います。

心配性を長所に変えたいのなら、目標達成のための行動で、自分の強みである細やかさと思慮深さをフル活用してください。

行動を終えたら、ただ「失敗したかも……」とくよくよと考えるのではなく、「どこが悪かった。それをこう直そう」という具体的な反省に置き換えてください。反省というのは自分のふるまいや仕事を反芻《はんすう》して省みるということ。反省は、必ず次の日からのより良き仕事やより良きふるまいにつながっていきます。

考えすぎてしまう心配性の人には、プロフェッショナルの才能があります。性格を直す必要なんかありません。

ぜひ強みに変えて、お客様やまわりの人を喜ばせることに使ってください。

12

ダメな自分でいいじゃないか。

2016/05/02　否定的な自分を受け入れる「いいじゃないか」の法則

誤解を恐れずに告白します。私は、金儲け坊主です。

驚きましたか？　私は会社経営もしていますので、実際にお金を稼いでいます。

だから今でも、金儲け坊主だなんて非難されることがあるのです。

「なんてこと言うんだこの人は。何もわかってないくせに……！」

最初は正直、心が痛みました。特にショックだったのは、一番理解してほしいはずの、昔からのお檀家さんからの批判です。一方で、こうも思いました。

「誠実に続けていけば、わかってくれるはず。こんなことで怒っちゃいかん！」

感情は波立っているのに、理性はそれを否定して「ダメだ」と言っている。まさに理性が感情と戦っている状態です。私にも葛藤して苦しんでいた時期がありました。

ある二〇代の女性も、同じような悩みを抱えていました。

家族から否定されて育ってきたので、自分を否定する癖が消えないと言うのです。

禅の言葉に、「放下著《ほうげじゃく》」というものがあります。

「こだわりは全部捨ててしまえ」という意味です。確かにそうなのですが、捨てろと言われてもそう簡単に捨てられないのが、私たち人間です。

特に捨てられない、忘れられないのが、否定的な自分です。どうしても、ありのままの自分を否定してしまう。それを抱えていて苦しい。

でもそれは、心の奥についた汚れみたいなもので、簡単に漂白できません。

どうすればよいのか？


戦略的に、否定的な自分を受け入れていくんです。

「自分を否定する自分がいても、いいじゃないか！」

「私バカでいいんだ。どうしようもなくていいんだ！」

「そんな自分でも生きてるんだからいいんだ！」

そう思って認めた瞬間に、心のわだかまりが落ちていくんです。

私の名前、大愚といいます。師匠が「大バカ者」って名前を付けたんです。

この名前にどれだけ救われたことか。

私はお坊さんとして立派な人間にならなければならないと思っていました。もちろん、今でも少しでも良き人間になりたいと努力しています。

でも残念ながら、お釈迦様のような覚《さと》りを開いた聖人君子ではない。欲もあるし、怒りも妬みもあるし、「ちっきしょー」と思うこともあるし、ぶん殴ってやろうと思う相手もいる。その中で、日々葛藤している人間の一人なんです。

「バカ」って言われたら、私は自分のことを賢いと思ってないので「そうだよなぁ、俺はバカだよなぁ」って思います。それだけです。全く傷つきません。

「お金儲け坊主」って言われても気にしません。下手よりもいいじゃないですか？人様が喜ぶ商品やサービスを提供し、雇用を生み出せているんですから。

それに、私が社長だから無給で住職もできますし、若い人たちが仏教に関心を持ってくれています。実際に企業研修や講演の依頼が絶えません。

だから、良いことをしてるんです。

ダメな自分で、いいじゃないか。まずは、自分の中で戦っている理性と感情との戦いに終止符を打ちましょう。一歩踏み出すのは、それからです。

13

最底辺で行こう。

2019/07/19　自分を「低く」みなすことで、自分を保つ方法もある私が弱気になったとき、紙に書いて貼り出し、声に出して唱えてきた大切な詩があります。宮沢賢治の「雨ニモマケズ」です。

雨にも負けず、風にも負けず、雪にも夏の暑さにも負けぬ、丈夫な体を持ち、欲はなく、決して瞋《いか》らず、いつも静かに笑っている。一日に玄米四合と、味噌と、少しの野菜を食べ、あらゆることを自分を勘定に入れずに、よく見聞きし分かり、そして忘れず、野原の松の林の陰の小さな萱葺《かやぶ》きの小屋にいて、東に病気の子どもあれば、行って看病してやり、西に疲れた母あれば、行ってその稲の束を負い、南に死にそうな人あれば、行って怖がらなくてもいいと言い、北に喧嘩《けんか》や訴訟があれば、つまらないからやめろといい、日照りのときは涙を流し、寒さの夏はおろおろ歩き、みんなにデクノボーと呼ばれ、褒められもせず、苦にもされず、そういうものに私はなりたい。

学生時代も、僧侶になってからも、批判されたり中傷されたりしたときはいつもこの詩を唱えてきました。特に他人からの評価が気になってしまうとき、この詩に救われたものです。

「私は愚かで最低のデクノボーだ。バカなんだからバカと呼ばれてもいい。でも、デクノボーであっても生きている以上、自分ができることはちゃんとやろう」

そうやって自分を最低辺に置いてしまえば、どんなバッシングも気にならなくなります。

「そう、あなたの言うとおり。私は最低ですよ」「おっしゃるとおり、私は愚か者です」と受け流せるのです。

もともとどん底にいるのですから、それ以上落ちることもありません。デクノボーなりにコツコツできることを続けていくのです。


法華経というお経の中に、常不軽菩薩《じょうふきょうぼさつ》という菩薩様が登場します。他人からの批判や誹謗中傷に決して反論することなく、腐ることもなく、淡々と自分の修行をやり続けたという菩薩です。

菩薩とは、まだ覚《さと》りを開けていないけど、覚りに向かって修行の歩みを止めない仏様のことを言います。何やら人間味がある仏様ですよね。そして宮沢賢治はこの常不軽菩薩に惹かれ、そのあり方を手帳に書いて持ち歩いていたと言われています。

人の非難にとらわれない常不軽菩薩に共感し、「自分がデクノボーである」と詩を詠んだ宮沢賢治や、その宮沢賢治に共感し、「自分は最低である」と考える私がいる。

一方で、誰になんと言われようと「自分は最高だ！　自分には価値がある！」と信じることで、自分らしく生きようとする人もいます。

「自分を大切にできない人間が他人を大切にできるはずがない」

「人にバカと言われても、自分だけは自分をほめて、認めてあげたい」

このようなポジティブシンキングに、救われる人もたくさんいるでしょう。

それで生きやすくなるなら、どちらのあり方でもいいのです。

どちらも真理なんです。

私がお伝えしたいのは「自分は最高だ」「自分はできる」というポジティブシンキングに疲れたときは、「愚かで最低の自分でもＯＫ」と開き直るのもあり、ということ。

きっと「全部ＯＫ、何でも来い！」という別次元の世界が見えてくることでしょう。

14

イケメンは意外と損。

2018/09/14　「無い」を「有る」に変える「幸せの方程式」とは？

コンプレックスや欠点に悩んでいる人は多いと思います。人生がうまくいかないのはそのせいだと、嘆くこともあるでしょう。

しかし、完璧に見える人でも、その長所のために苦労していたりするのです。

その代表がお釈迦様の十大弟子の一人、アーナンダさんです。お釈迦様の説法をいつも間近で聴ける従者という絶好のポジションにいたにもかかわらず、アーナンダさんはなかなか覚りを開くことができなかった。

その理由は、あまりにもイケメンだったからだと言われています。

あまりにモテすぎるので、修行に集中できない。人から見れば長所であるはずのイケメンが、修行の妨げになったという例です。

私たちは、自分に何かが「ない」ことや「できない」ことが不利だと思い込んでいます。顔の美しさがなければ不利、頭が良くなければ不利……。

でも、美しさだろうと賢さだろうと、視点が変わることで長所にもなりうるし短所にもなりうるんです。アーナンダさんにとって「イケメンであること」は、修行の邪魔になる短所でした。

目標を達成するには、コツコツと地道な努力が必要です。でも人気者だと誘いも多かったりして、時間を取られて夢がかなわないこともあるでしょう。

私は「ない」「できない」を恵みに変えたすごい人を何人も知っています。

その一人は、私のお寺の檀家さんだったおじいちゃん。八〇代半ばを超えてもおしゃれで、帽子が大好き。いつもニコニコしていて腰が低く、何か用事があると、お年を召しているのに杖をついてお寺までわざわざ来てくださいました。

私なんて孫みたいな年齢ですから、「こちらから伺います！」と申し上げても、「お坊様を呼びつけるなんてとんでもない」と微笑むのです。

そのおじいちゃんは、だんだん耳が遠くなりました。補聴器をつけてもよく聞こえないのです。でも、私にこう言って微笑みました。

「耳があんまり聞こえすぎると、聞きたくないことも聞こえてきます。でもね、今は悪口も何も聞こえない。これは本当に幸せですよ」

その後もおじいちゃんはどんどん衰えていき、胃の手術をなさいました。でも、私にこう言って微笑みました。

「私はずっと口が卑《いや》しくて、際限なく食べて太ってしまい、しょうがありませんでした。でも、手術をしたら多くの食べものを必要としなくなった。この老いぼれにはかえってちょうど良いんですよ」

最初は我慢か強がりかと思っていましたが、違いました。おじいちゃんは本当にそう思っていました。

足が不自由になったときは、「孫が優しくなった」と喜んでいましたし、自分の衰えを受け入れ、良い面だけを見ながら九一歳で亡くなりました。年を重ねるごとに仏様に近づいていったお方だったと、私は思うんです。

耳が聞こえなくても、足腰が立たなくても、人はそれを心で補うことができます。心で補えれば、それは恵みに変わります。耳がよく聞こえなくても、そのぶん一所懸命に聞けば、相手は「こんなに真剣に聞いてくれる」と感動するものです。

嘆くのは、もうおやめなさい。

「ない」「できない」を恵みに変えられるかどうかは、自分次第なのです。

15

弱みをさらけ出すと、理解者が現れる。

2018/02/16　生き残るために必要な本当の強さとは？

「どうしてもダメだと思うときは、仏様の前で全部話せ」

幼いときから、師匠にそう言われて育ちました。

「父ちゃん母ちゃんの言うこと聞けんときもあるだろう。学校の先生の言うことが聞けんときもあるだろう。思うように成績を取れんときもあるだろう。死んでしまいたいと思うときもあるだろう。だからな、どうしても苦しくなったときこそ、本堂に行って仏様の前で全部話せ」

なので、私は物心がついてから、苦しいとき、行き場所がなくなったときはいつも仏様の前に行って座りました。

「聞いてくださいよ。俺は絶対悪くないんですよ」

「あんなこと言うなんて、腹が立ってしょうがないんですよ」

時には泣きながら、仏様の前でこんなことを申し上げていました。

本当に仏様が聞いてくださっていたのかわかりません。

でも、それが私にとっては救いでした。

後で考えてみると、あれは大いなる仏様の前で、自分と向き合っていたんだと思います。全部自分との対話だったのです。

つらいときに、自分の弱みをさらけ出したり、人に相談するのが苦手な人がいます。かといって、真面目な人はその場から逃げ出すこともできない。

ある女子大生もそうでした。地方から上京した気負いからか、強気な性格からか、学校でもバイト先でも人と衝突することが多く、友達ができず苦しんでいました。

「私だって人と衝突するのは嫌です。でも、認めたら負けた気がするんです」

そう言う彼女に、私はこう伝えました。

「頑張らなくていい。逃げたいのなら、逃げなさい」

私が言う「逃げなさい」というのは、その場から逃げ去りなさいという意味ではありません。あなたが今戦っている〝誰か〟から逃げなさいという意味です。

それは誰か？　あなた自身なんです。

現代社会で、あなたを殴ったり蹴ったりする人はそういませんよね。けれどもあなたが、あなた自身を精神的に追い詰めてしまっている。だから苦しい。

「逃げてはいけない」「強くなくてはいけない」と、自分で自分と戦っている。それをやめる。これが、自分の弱さを認めてさらけ出すということです。

やみくもに戦うことが、本当の強さでしょうか？　私はそうは思いません。

もう、かっこつけるのはやめましょう。

自分の弱さを、その苦しさを、寂しさを話しなさい。さらけ出しなさい。きっと、その弱さを受け止め、一緒に歩んでくれる友が見つかります。

たった一人でもいい、誰でもいいんです。ただし、その人が弱きときには、その人のそばにいて支えになってあげること。

もしそれができないのなら、近くのお寺を探して、仏様の前で弱みをさらけ出してみてください。かつて私がそうしたように。日本には、コンビニの数よりも多い、七万以上のお寺があるのですから。

不思議なことに、弱みをさらけ出せるようになった途端に、理解してくれる人、応援してくれる人が現れるものなのです。

16

「今ここ」に過去の不幸は存在しない。

2017/03/17 「今」を苦しめる「過去」からの脱却法

心の傷を抱えている人のお話を、私はたくさんうかがってきました。

「生きていても仕方がない」

「この世は醜《みにく》いことばかりだ」

そう苦しむ人に、私は『中部《ちゅうぶ》経典』という経典に登場する「一夜賢者《いちやけんじゃ》の偈《げ》」を紹介することにしています。


過去は追うな。未来を願うな。過去はすでに捨てられ、未来はまだ来ない。

だから、ただ現在のことをありのままに観察し、動揺することなく、よく理解して、実践せよ。ただ今日すべきことを熱心になせ。

明日、死のあることを誰が知ろうか。かの死神の大軍と会わないわけはない。

このように考えて、熱心に昼夜おこたることなく励む人、このような人を一夜賢者といい、寂静者《じゃくじょうしゃ》、寂黙者《じゃくもくしゃ》と人はいう。（辻本敬順訳『阿弥陀経のことばたち』）

仏教では、起きてしまった過去や、まだ起こっていない未来のことを考え、妄想をふくらませることを厳しく戒めています。

今日、なすべきことをなせ。

それが二五〇〇年前にお釈迦様がおっしゃったことであり、はるかな時を超えて語り継がれてきた仏教の根本なのです。

つらい過去にとらわれている人は、「今」という現実を生きておらず、「過去」という頭の中に記憶されている妄想を生きています。

将来が不安だとか、先行きが見えないと心配する人は、「今」という現実を生きておらず、「未来」という頭の中でつくった妄想を生きています。

私たちが動かせるのは、「今」この自分、この肉体だけなのにもかかわらず……。

過去の苦しみは、今この瞬間に起きていることではなく、過ぎ去ってしまった記憶に過ぎません。それなのに「今」を「過去」によって奪われている。「過去」に「今」を台無しにされているのです。

私たちの脳に備わった網様体賦活系《もうようたいふかっけい》は、興味深い働きをするということがわかっています。たとえばファッション誌で見たバッグを欲しいと思っていると、街中でそのバッグを持った人をたくさん見かけるようになる。

つまり脳は、意識したり心に留めたものに集中する癖があるということです。過去の傷を抱えた人は、無意識のうちに傷に関連することばかり見てしまう。それで「世の中は醜い」「何もかも嫌だ」という妄想が膨らんでしまうのです。

世の中には、醜さというものはありません。
世の中には、正しさというものはありません。
世の中には、素晴らしさというものはありません。
世の中には、虚しさというものはありません。
世の中には、苦しさというものはありません。

すべては脳がその人の過去の記憶と結び付けてつくり出す幻想なのです。妄想によって、「つらい過去」を「今の現実」のように補強してしまう。そしてますます今がつらくなる。

脳の癖とはいえ、厄介でつらいことです。この人間の癖はなかなか消えないものだから、「一夜賢者の偈」が二五〇〇年もの間、受け継がれてきたのでしょう。

どうしても苦しいときは、この偈を繰り返し唱えてみてください。

17

違ったままで、
堂々と。

2019/01/11　ハンデを乗り越え、器の大きな人間を育てる

私が小学生の頃、仲の良かった友達とお祭りに行くと、ダウン症の人たちが手作りの小物を販売していました。友達はどうやらダウン症の人を初めて見たらしく、指を差して「ねえ見てよ！　変な人たちがいるよ！」と、ゲラゲラ笑ったのです。

「友達が、障害者をバカにした……」

私はショックを受け、帰宅して母にそのことを話しました。母は長年、幼稚園の副園長をしていましたし、養護施設にかかわっている親戚もいたからでしょう。さらっとこう教えてくれました。

「人間は初めて見るものに興味を示すし、知らないものだと滑稽《こっけい》に感じることがあるのよ。あなたもエリマキトカゲを初めて見たとき、笑ってたわよ」

母は、好奇の目は自然なもので、完全に避けられないと教えてくれたのです。

障害を持つ方は、どう世の中とかかわっていけばよいのでしょうか？

お子さんに障害のある方から、ご相談をいただいたことがあります。最初は葛藤があったものの、子どもがすくすく育つにつれて、ようやく「この子にとってはこれが当たり前だ」と受け入れられるようになったそうです。

しかし今度は、世間の目が気になり始めてしまった。子どもをどう守っていけばいいかわからない。そんなことをおっしゃっていました。

アドバイスが三つあります。

一つ目は、できることは自分でやらせてあげること。もちろん障害の程度にもよりますが、努力すればできることは、自分でやってもらうという姿勢を崩さない。困難が伴うでしょうが、徹底的にトレーニングしなければなりません。

足りないものは、補うことができます。知恵や知識、工夫、器具などを総動員して補うことができるのです。私は視力をメガネで補っていますが、これと同じ。

二つ目は、自分の障害を説明できるようにしてあげること。自分の立ち位置を知るということです。障害がないように振る舞うのではなく、障害を受け入れる。その上で、決して恥ずかしいことではなく、多様性の一つのカタチだと教えるんです。

そして三つ目は、上手な援助の頼み方を教えてあげること。堂々と助けを求められる言葉と作法、そしてお礼の言い方をしっかり教えてあげる。それが、障害を持つ子を育てる際の心得だと思います。

思い出すのは、お釈迦様の仏典、スッタニパータの一節です。

いかなる生物生類であっても、怯えているものでも強剛なものでも、ことごとく、長いものでも、大きなものでも、中くらいのものでも、短いものでも、微細なものでも、粗大なものでも、目に見えるものでも、目に見えないものでも、遠くに住むものでも、近くに住むものでも、すでに生まれたものでも、これから生まれようと欲するものでも、一切の生きとし生けるものは、幸せであれ。（中村元訳『ブッダのことば』）

さまざまな形で存在しているすべての命が尊い。まさに慈悲の心です。

障害を持った子だからこそ、人の痛みがわかる。そんな慈しみの心を育てていくことができるのだと思います。

しかし考えてみれば、これって、すべての人間に言えることではありませんか？

人は皆違って、多様なのですから。

違ったままで、堂々と生きていきましょう。

18

犀の角のように
ただ独り歩め。

2016/05/31 「孤独・寂しさ」に打ち勝つ方法

昔、あるお寺に、六歳の男の子がもらわれてきました。男の子の家は貧乏で子だくさん。全員養う余裕がなかったんです。お寺が下働きの小僧さんとして子どもをもらうことも、珍しくない時代でした。

昔のお坊さんは妻を持ちませんでしたから、お寺に一人暮らしをしている和尚さんは、家族と縁がない年取った男の人。だから、子どもの扱い方がわからない。男の子が言うことを聞かなければ殴ったり叩いたり。

悪気はなかったのかもしれませんが、なにせ自分で志願して弟子入りしたわけでもありません。それはそれは怖かっただろうと思います。

男の子は毎日夕暮れ時になると、お寺の外にあるお地蔵さんに抱きついて泣いていたそうです。想像してみてください。たった六歳で、まだまだ親が恋しい年頃。毎日がつらくて、家に帰ろうにも帰り道すらわからない。そりゃ泣くしかありませんよね。

あるとき、和尚さんがきつねうどんを注文しました。うどん屋さんがチリンチリンと自転車で運んでくるわけです。男の子が門前で受け取り、和尚さんのところまで運ぶのですが、うどんは当時としては贅沢《ぜいたく》品。もちろん男の子のぶんはありません。

食べ盛りの子どもですから、湯気を立てている丼があれば、食べたくてたまらない。どうしても我慢できず、つい油揚げの端っこをかじってわからないように和尚さんに渡すのですが、当然バレてまた折檻《せっかん》。お地蔵さんのところで泣くわけです。

そんな男の子の様子を知ってか知らずか、実家の両親は、ときどきお寺に手紙を寄こしました。郵便屋さんから受け取って和尚さんに渡すのは男の子の役目ですが、中身を読むことは許されない。でもね、だんだん知恵がついてきた男の子は、「郵便屋さんに渡せば自分の手紙がお父さんやお母さんに届く！」と学ぶんです。

ある日、男の子はこっそりと手紙を書き、和尚さんの目を盗んで、なんとかポストに入れることに成功します。書いてあるのは、「帰りたい、迎えにきて」。そしてひたすら、お父さんお母さんからの返事を待ちました。

数日後、男の子のもとに手紙が来ました。「やった！」と喜んだのは束の間、それは自分が書いた手紙でした。親から来た手紙の宛先を一所懸命書き写したので、お寺の住所に戻ってきてしまった。このときも、こっぴどく叱られたそうです。

そんな日々を過ごすうちに何年か経ち、ある年のお盆のこと。お寺にとっては一番忙しい時期で、もうずいぶん役に立つようになっていた男の子は朝から晩までよく働きました。そしてようやくお盆が終わったとき、和尚さんが「おまえあてだよ」と、一通の電報を差し出したのです。「チチ、キトク、スグカエレ」とある電報を。日付を見ると、数日前。「一番忙しいお盆に、貴重な働き手に帰られちゃ困る」と思った和尚さんは、お盆が終わるまで電報を男の子に見せなかったんですね。むごい話です。男の子は、親の死に目にすら会えませんでした。

時が流れ、男の子は大人になりましたが、親から来た手紙をそれはそれは大切にしていました。きれいに伸ばした手紙を衝立《ついたて》に貼り付け、毎日それを見て慰《なぐさ》めにしていました。そうやって親を思い続けていた彼の姿を、私は今でも想像してみるのです。

これは、私のおじいさんの話なんです。私が三つの頃に亡くなりましたが、手紙を貼り付けた衝立の陰で火鉢に当たるおじいさんの姿は、今も私の中にあるんです。

私のおじいさんは、二五歳で一念発起して旧制中学に入りました。同級生はもちろん、若い先生より年上でしたが、ひたすら努力を続けたといいます。ついには福厳寺の住職になり、最期は弟子や家族に見守られながら、坐禅を組んだまま亡くなりました。「坐脱立亡《ざだつりゅうぼう》」と呼ばれる、禅僧らしい死にざまでした。

かつての私のおじいさんのように、孤独の戸惑いや寂しさを抱えている人に届けたい、お釈迦様の言葉があります。「犀の角のようにただ独り歩め」という、「スッタニパータ」という古い経典の中に出てくる教えです。

交わりをしたならば愛情が生ずる。恋愛にしたがってこの苦しみが起る。恋愛から禍《わざわ》いの生ずることを観察して、犀《さい》の角のようにただ独り歩め。

朋友・親友に憐れみをかけ、心がほだされると、おのが利を失う。親しみにはこの恐れのあることを観察して、犀の角のようにただ独り歩め。

子や妻に対する愛著《あいじゃく》は、たしかに枝の広く茂った竹が互いに相絡《から》むようなものである。筍《たけのこ》が他のものにまつわりつくことのないように、犀の角のようにただ独り歩め。

（中略）仲間の中におれば、休むにも、立つにも、行くにも、旅するにも、つねにひとに呼びかけられる。他人に従属しない独立自由をめざして、犀の角のようにただ独り歩め。（中村元訳『ブッダのことば』）

お釈迦様はインドの草原を孤独に進む犀を見て、そう説かれたのかもしれません。

人間は関係性の中に生きていますが、究極的には独り。

孤独を抱えた六歳の男の子だった私のおじいさんも、やがて寂しさを受け入れ、それをエネルギーに変えて犀のように我が道を進んでいった。

昔は戦争や貧しさゆえに、孤独にならざるを得ない人がたくさんいました。

でも、そういう経験があったからこそ、早く自立して幸せな人生を歩んでいたりもします。もしあなたが孤独を抱えていたとしても、全然心配する必要ないんです。

でも条件があります。独りで生きていけるだけの力をつけてください。

好きなものでも興味のあるものでも、何でもいいんです。地道にコツコツと、尊敬できる優れた人から素直に学んでください。そして、身につけた力や技術を使って、他の人を助けたり、元気を与えられるようになってください。

犀の角のようにただ独り歩む、その姿はもう孤独なものではありません。

美しく、力強く、人を惹きつける姿なのです。

気がつけば、その姿に惹かれた誰かが側に立っているはずです。

第三章
ひたむきさが人生を変える

19

単刀直入に切り込んでいけ。

2017/06/13　本音のぶつかりあい＝お互いを認め合うこと──大愚禅【単刀直入】

「単刀直入」はよく知られている言葉ですが、実は仏教がルーツ。

中国北宋時代に編纂《へんさん》された『景徳傳燈録《けいとくでんとうろく》』という禅の歴史書に載っています。

もともと、「たった一本の刀を持って敵の陣営に切り込んでいく」という意味でしたが、転じて「誰かと話す際、ストレートに本題に入る」という意味になりました。

でも、『景徳傳燈録』が書かれてから一〇〇〇年以上も時が流れた現代は、単刀直入のコミュニケーションが少なくなってきているように感じます。

「相手に嫌われたらどうしよう？」とか、「自分はこんなふうに見られたい」という気持ちが先行してしまう。だから、本質的な言葉を相手の中心に向かって、まっすぐに差し出せなくなっています。

これは、恋愛でもビジネスでも、ありとあらゆる関係に見られる現象です。単刀直入になれない結果、みんなが曖昧《あいまい》な言葉を使って曖昧な関係を続け、曖昧な結果になっている……。そんな気がしませんか？

特に日本人は、単刀直入が苦手な人が多い。誰かと対峙するとき、自分の外側にいろんな飾りをいっぱいつけてしまいます。「いい人っぽい」飾り、「やさしい人っぽい」

飾り、「小さな物事にこだわらない人っぽい」飾り。

そうやって本心を包み隠し、本質と本質がぶつかり合う関係を築くことを、遠慮したり、嫌ったり、怖がったりします。

でも、飾りは偽物でしかありません。

飾りをつけた人同士が話しても、それはキツネとタヌキの化かし合い。毒にも薬にもならない会話をしていれば、意見の対立もないし、気分を害することもない。

同時に、建設的なアイデアは生まれませんし、根本的な問題解決もできません。


そこは、単刀直入でいきましょう。

相手の中心、核になる部分にずどんと切り込む質問、ずどんと切り込む意見、ずどんと切り込む想いを、飾らずに相手に伝えていく。

普段はクールに装っている人でも、単刀直入な意見によって自分の中心をぐっと突かれたとなれば、反応は違ってきます。自分の中心部分を揺さぶられることで、その人の本音が出てきます。そして相手は、中心を突いてきたあなたという人間を次第に認めていくことでしょう。

もちろん、その場にふさわしい言い方、伝え方というものはあります。初対面でいきなり失礼な言い方をしたり、突然、図々しい態度を取ったりしたら嫌われるのは当然です。「無礼者になれ」と勧めているわけじゃありません。

人と対峙するときの心構えを「単刀直入に」ということです。

誰かと接するときは、相手の中心を見据えて本質的な話をする。自分を飾らずに素直に想いを伝える。ニコニコして、表面的にお世辞を交換するような関係から、短刀を携えて一歩踏み込む。そういう気持ちを、常に持っていましょう。

単刀直入に話せるかどうかで、人間関係も変わってきます。

いつも単刀直入にビジネスの交渉をしたり、友達に自分の考えを伝えたり、恋愛をしていれば、あなたは相手にとって「なんだか忘れられない特別な人」として一目おかれるようになります。

自分の本質を鋭く突いてくる相手には、相手も本気で向き合ってくれるものです。

20

心のままに「好きだ」と言おう。

2018/01/26　自分に嘘をつくと苦しくなる？一行動と言葉と心の切っても切れない関係

赤ちゃんを見ていると、「生きるのが上手だなぁ」と思います。

ご飯が食べたかったら「お腹がすいた！」と泣き、食べさせてもらえたら、にっこりします。眠たかったら「眠たいよう」とぐずって伝え、ひとしきり泣いたら、そこがどこであろうと寝てしまいます。

感じたままに表現し、感じたままに行動しているんです。

「生《しょう》を明《あき》らめ死を明らむるは、仏家《ぶっけ》一大事《いちだいじ》の因縁《いんねん》なり」という道元禅師の言葉があります。「生きるとは何か、死ぬとは何かを明らかにするのが、修行者にとって一番大切なことだ」という意味です。

生きるとは、心で思ったことを言葉にし、行動に表すことの繰り返し。

「当たり前だ」と思うかもしれませんが、大人になるほど、これがなかなかできないのです。

あなたは心で思ったことをそのまま言葉にして、話しているでしょうか？　その言葉のとおりに行動しているでしょうか？　赤ちゃんのような素直さで、自分を表現しているでしょうか？

たぶん、違いますよね。

赤ちゃんが子どもになり、少年少女になり、大人になる。そうやってだんだん年を重ねるに従って、「自分はこう思っているけれど、ストレートに言ったら顰蹙《ひんしゅく》を買うかもしれない」と本音を口にするのをためらうようになります。

たとえば恋をしても、「この人のことは好きだけど、そのまま好きな気持ちを表現したら、ふられたときに傷ついてしまうかもしれない」と思って素直になれない。あるいは仕事で困ったことがあったとき、「わからない、助けてほしいと言いたいけれど、能力がないと思われたら恥ずかしい」と、飲み込んでしまう。

思ったことを言わず、行動にも移さない。心、言葉、行動という「生きることの根本的な営み」の矛盾がふくらむと、生きることが苦しくなってしまいます。

心だけではなく、体も病んでしまいかねません。

心のままに話し、行動する。幼い頃のように、自分の心に従えばいい。ものすごくシンプルです。

自分の心に従ってシンプルに生きている人は、ひたむきです。

どんなに顔が可愛くても、どんなに頭が良くても、どんなに仕事ができても、どんなに優しくても、生きることに素直でない人はどこかで苦しくなってしまいます。


胸に手を当てて、問いかけてみてください。

あなたが、好きな人は誰ですか？

あなたが、好きなことは何ですか？

本当にそれが好きなら、そう心で思ったことを話し、振る舞いや行動として表してください。好きでないのに好きだと言ったり、好きなふりはしないほうがいい。

愛というのは名詞ではなくて、「愛する」という動詞なんです。信頼とは名詞ではなくて、「信ずる」という動詞なんです。

だから、ちゃんと愛してください。ちゃんと信じてください。

「思う」「言う」「行う」の三つに矛盾があってはいけません。

この三つがピタッと一致して初めて、ちゃんと生きていると言えるのです。

21

やりたいことは探さない。

2018/11/24　自分の使命・天命を見つける方法

「やりたいことって何だっけ？」

「自分の使命とは何なんだろう？」

ふと、そんな疑問が湧いてくることがあります。

使命とは、単なる仕事を超えた、人生をかけて追求すべき自分の大きな役割。単なる目標とは違います。

仏教では、そのような使命のことを「誓願《せいがん》」と言います。

お釈迦様も、誓願を立てて出家なさいました。激しい苦行を続け、「これでもか！」というぐらいに肉体を痛めつけておられましたが、結局覚《さと》りに至らなかった。

そこで、お釈迦様は苦行をやめました。ナイランジャナー川で疲れた体を浄め、付近の村娘スジャータが差し出したヤギの乳粥《ちちがゆ》を食して、そのまま菩提樹《ぼだいじゅ》の下で瞑想され……、ついに覚りを開きました。

誰でも、「自分はこれをやりたい」という誓願がパチンと見える瞬間があります。でもそれは、スピリチュアルなお告げとかではなく、さりげない形でやってきます。

仕事が順調なのに、ある日誓願に目覚めて、まったく別のことを始める人もいます。たとえば『マイクロソフトでは出会えなかった天職』の著者ジョン・ウッドは、ビジネスマンとして成功していたにもかかわらず、突然会社をやめ、発展途上国の識字率向上を目指すルーム・トゥ・リードという活動を始めました。

きっかけはささいなことでした。ヒマラヤで出会ったネパール人男性に連れられて学校を見学した際、図書室を見て彼は衝撃を受けます。

本がほとんどなかったのです。彼はすぐに仲間や家族にメールをし「余った本があれば送ってくれ」と呼びかけます。ジョンは数千冊の本を学校に届けました。

食い入るように本を読む子どもたちと、目を潤ませて感謝を伝える教師たちを目の当たりにして、彼はマイクロソフトを退職。「一〇〇〇万人の子ども達に本と教育を提供するために生涯をささげる」という誓願を立てます。そして約一〇年の間に、七〇〇〇以上の図書館や図書室を開設し、七六五校の学校を建設したのです。

もし自分の使命を知りたいと願っているのなら、一番良い方法はその願いを捨てること。いったん忘れてしまうことです。

固定観念にとらわれず、なんでもやってみましょう。好きか嫌いか、経験があるかないかで選ばない。実績や経験があるというのは、強みであり弱みなんです。なぜなら、経験がないことや知らないことを遠ざけてしまうから。

でも、そこをリセットして全部オープンに受け止めてみる。何か声がかかったら、プライベートでも仕事でも「ノー」と言わない。「私でよければ喜んで」と、全然関係がないことでもやってみる。そういうオープンさや受け入れ態勢が整っていないと、不思議なことにチャンスはやって来ないんです。

オープンな目で見ていると、世の中の苦しみや身の回りにあるさまざまな問題に気づかされます。そして、それらの問題はすべてつながっていて、自分が無関係ではないことにも気づく。

そこに目が開かれていないだけなんです。

「何か自分にできることはないだろうか？」

そんな疑問が湧いてきたとき、思わぬ誓願が見つかるかもしれません。

22

履いている靴を履きつぶせ。

2018/05/15　つまらない仕事を楽しくする唯一の方法

転職を繰り返す人、海外に行ってみる人、趣味やセミナーに次々手を出す人……。

彼らは皆、こう言います。

「自分には将来の夢がない。やりたいこと、実現したい目標が見つからない」

たぶんこういう人って、まずは夢や構想を描いて、それに向かって計画的に物事を進めていく、合理的な方法を探しているんだと思います。

でも、そう簡単に「最高にやりがいがあること」にはなかなか巡り合えないから、みんな悩むわけです。

禅に「破草鞋《はそうあい》」という言葉があります。修行僧が履《は》き古してボロボロになったわら草履《ぞうり》のことを言います。いろいろな所を行脚して、修行を重ねたその証が、破草鞋というわけです。

問題は、この破草鞋の経験がないこと。履いて合わないと思ったら、新しいまま脱ぎ捨てて他の草鞋に履き替えてしまう。たった一足の草鞋もボロボロになるまで履きつぶしたことがない人は、自分にぴったりの靴なんて見つけられません。

「最高に熱くなれる人生のテーマ」を見つける合理的かつ唯一の方法は、目の前にある、たまたま自分に降ってきた仕事を全力でやることです。

不満を持ちながら、中途半端にやるということが無駄なんです。

けれども、一所懸命にやっていれば、それが無駄になることはありません。


テレビで、レジ打ちの速いパン屋の店員さんが紹介されていました。お店にある一〇〇種類以上のパンの値段と名前を全部覚えていて、ものすごくレジ打ちが速い。混雑しているときにお客さんを待たせたくないので、もう自分でどんどん工夫して速くしていたのだそうです。

たかがレジ打ちですよ。その方も「実際には何の役にも立ちません」と言っていましたが、とんでもない。役に立つんです。

私なら、自分の会社にこういう方に来ていただきたい。

コピー取りでも、お茶くみでも、雑務でも何でもいいんです。

それを気持ち良くやって、突出してできる人のことを、見ている人は見ています。

どんな草履を履きつぶしてきたのか。まずはそれが大切です。

私は昔、英語の塾を立ち上げて小中学生を教えていたことがあります。ほとんどの子は勉強が苦手でした。

だから子どもたちには、徹底して英和辞書をひく練習をさせました。

一冊目の辞書が手あかで黒ずんで、ボロボロになる頃には、子どもたちは教科書に目をやりながら片手で辞書をひけるようになります。わからないことを調べるスピードが圧倒的に速くなると、自動的に英語の成績が上がっていきました。

彼らは、英語の成績が上がったからといって驕《おご》ることはありませんでした。「すぐに調べる」習慣は他教科にも応用され、どんどん成績も伸びていったのです。

私が彼らに伝えたかったことは、破草鞋なんです。

なんでもいい、自分が何か一つボロボロになるまでそれをやり込んだという証ができるところまでやりなさい。それができたらもう一つ。

その積み重ねが必ず、その先の未来を拓いてくれます。

23

一本のわらが人生を変える。

2018/10/05　家にこもったままでは自分を変えられない

自分を変えたいからと、あらゆる自己啓発書を読み続ける人がいます。ポジティブシンキングが大事だと書いてあれば、「私はすごい！」「やればできる！」と念じたりする。

一時的に「できるかも」と思えたりしますが、長続きはしません。

家にいて、今までの生活パターンで自分を変えられる人はほぼいません。お坊さんだって、自分で自分を変えられないから出家するのです。

いったん、その生活パターンの外に出ましょう。

ヒントになるのが、私が大好きなお話「わらしべ長者」です。舞台は奈良県のあるお寺。一所懸命働いても生活が楽にならない若い男性が、そのお寺の観音様に相談をするところからストーリーが始まります。

観音様のお告げは、「このお寺を出て最初につかんだモノを大事に持って行きなさい」というもの。お寺から出た男性は、すぐに転んでしまいます。「イタタタタ」と立ち上がったときに手につかんでいたものが、一本のわら、わらしべでした。

そのあとの展開をご存知の方も多いでしょう。観音様のお告げだとわらしべを握りしめていたら、アブが飛んできた。ブンブンうるさいので、捕まえてわらしべに結びつけて歩いていると、大泣きする男の子を抱えて困ったお母さんがいたので、「おもちゃがわりに」とアブ付きのわらしべをあげる。すると男の子は機嫌を直し、お礼にみかんをもらう。こんな調子で物々交換を続け、みかんが反物に、反物が馬に、馬が屋敷になり、最後はお屋敷の主人になるというストーリー。

都合が良すぎる話のようですが、とても大事な人生の教訓が語られています。

なんでもいい、一つのわらしべを握りしめて外に出たということが大切なんです。「わらしべ」とは、ただのわら。すごい武器じゃないところがポイントです。

高校生の頃の私にとって、英語はわらでした。とにかくお寺から出たくて、なるべく遠くに行きたかった。

外国に憧れていた私は、英和辞典の例文や恋愛映画のセリフを必死で丸暗記し、お寺に外国人観光客が来れば、たどたどしい英語で話しかけていました。

「海外に出て働く。そこで外国人の彼女もできたりなんかして……」と妄想しながら覚えた英文こそ、私にとってのわらしべでした。その後、高校二年のときに英語塾を始めて一年で一二〇万円、大学生の頃には月七〇万円を稼いだこともあったからです。

片づけコンサルタントの近藤麻理恵さんのわらは、「片づけ」というとても地味なものでした。家の中で一人で片づけをしていたら家がきれいになるだけですが、そのわらを握りしめて外に出ていき、本にしたことでベストセラー作家になったんですね。今はさらに海外に出られて、世界的な人気と尊敬を集めています。

このわらしべをつかんでない人は、悶々《もんもん》とします。苦しいんです。なんでもいい、あなたの〝わら〟を握りしめて、ちょっと外に出てみてください。ゲームが好きならゲームをつくる人になってもいいし、料理が好きならとことん料理にハマってみる。

ヒントは、あなたが異常なぐらい夢中になれること。没頭してやり込んだ何かが、将来につながっていくんです。

そのわらしべが長者になる入口だったと、後になって気づくことでしょう。

24

没頭の幸せは
お金じゃ買えない。

2017/10/13　人生を充実させるために欠かせない、たった一つのことたくさんのご家庭のお葬式や法事にかかわらせていただく中で、私はずいぶん勉強させていただいたと感じています。

ふと、気づかされたことがありました。そのご家族が幸せかどうかは、実はお金のあるなしには関係ないんです。

世界中で格差が拡大し、日本も貧富の差が大きくなっていると言われます。でも、お金がない人は不幸で、大金持ちほど幸せかといえば、違います。

金銭的に満たされているのに幸福感を得られない人も大勢います。贅沢三昧《ざんまい》をしているから幸せかというと、必ずしもそうではない。

「三昧」とは、もともと仏教の言葉で「何かに完全に浸りきっている状態」を表します。言ってみれば、リラックスしているのに集中している「ゾーン」の境地。

ブレ、迷い、不安が一切なく、そのことに没頭できている感覚こそが三昧です。

いわゆる「贅沢三昧」は、没頭していないので本当の意味での三昧ではありません。

貧しい人が豊かになり始めれば、何もかもが新鮮で、贅沢は楽しいでしょう。

でも、大富豪になり、日常的に五つ星ホテルのスイートに泊り、最高級の料理を楽しんでいたら、すべてが「普通」になってしまいます。もっと新しい贅沢を求めて宇宙旅行に行っても、慣れればそれで終わり。

そこまでいかなくても、今の日本ではそれなりに衣食住に不自由しない生活をしている人がほとんどだと思います。

〝満たされた〟生活をしている中で、一部の人は気づくはずです。

それらが、心の平安や幸せにつながっていないことに。

お寺で飼っている黒柴犬の「モモ」は、元気でエネルギーが有り余っています。なので、のんびり歩くお散歩では、彼女は満足できません。

そこで時々、山に連れて行きます。モモのリードを外し、私はバイクで競走するんです。モモはバイクに負けじと全力の猛スピードで坂道を駆け上がり、しかも何往復もします。

持てる限りの力を精一杯出し切って走るモモの姿は、本当に輝いて見えます。

「ああ、これこそ三昧だ」と思います。

あふれんばかりの有り余るエネルギーを持っていながら、それが発揮できないことは、生き物にとって苦痛でしかありません。

自分の持っている能力を最大限に発揮して生きること、これこそ生き物にとっての三昧なのです。


大事なことは、今日あなたがどう生きたかということ。

今日何をしたかということ。

今日一日、自分の能力の限りを尽くして、何かチャレンジをしたでしょうか？

没頭できることを、ぜひ見つけてみてください。

お金のあるなしなんて、関係ないんです。

三昧に生きることができたなら、そんな幸せな人生はありません。

25

正しいことは楽しく。

2017/07/21　正しく生きるな！楽しく生きよ！

気分が良いときは、電車でお年寄りにスッと席が譲れます。しかし「三時間しか寝ていなくて、残業でヘトヘト」というときは、つい気がつかないふり、寝たふりをしてしまうことだってあります。

子どもと散歩をしていて、道にゴミが落ちていたら「片づけようね」と拾えるかもしれません。教育にもなりますし、「お父さんは偉い！」と尊敬してもらえます。

しかし、誰も見ていなかったら？　急いでいたら？　そのゴミが汚くて大量だったら？　拾わずに、足早に立ち去るかもしれませんね。

正しさを貫くのは難しいものです。

でも、どうか気に病まないで。無理はしなくていいんです。

仏教が奨励しているのは、眉間にしわを寄せて苦しみながら、「正しいことをやろう！」と頑張る生き方ではありません。

仏教では、覚りに至る修行の道を、「八正道《はっしょうどう》」としてまとめています。

その一つが「正精進《しょうしょうじん》」、正しく努力することです。

正しい努力とは、楽しい努力のこと。ここで言う楽しさとは、遊んで楽しいというより、興味関心や充実感、達成感を得られる「楽しさ」です。

アスリートを見るとよくわかります。野球選手はホームランを打つために相当な努力をしていますが、それは苦しみではないはず。自分が得意なことを一所懸命にやり、昨日よりも今日はもっと上手くなる。それは楽しみだと思います。

楽しみながら努力をすると努力が継続し、無理のない正しいフォームが身につきます。正しいフォームとは美しく、結果を出せるものなんです。


せっかく正しいことをするのですから、楽しみながらやってみましょう。

私はゴミ拾いをするとき、わざと利き腕でないほうの手でトングを持ったり、くるっと一回転してつかんだり、後ろ向きで拾ったり、「ゴミを拾う」という単純作業を楽しくする工夫をしています。それが私なりの正しい精進、楽しい精進です。

この話をした動画を、ある大道芸人の方がご覧になったそうです。その方がピエロなどいろんな格好をして、色々なパフォーマンスをしながらゴミを拾っていたら、なんだか自分もすごく楽しいし、見ている人にもウケたんだそうです。

ところで、私の大愚という名前、完全にふざけてると思いませんか？　賢くてすごい人になりたいと努力した時期がありましたけど、苦しいだけだとわかったので、もうあきらめました。今は賢くなる努力はしていません。

私も正しく生きようとも思っていましたが、今はそういう努力はしていません。時として、私たち僧侶は人々に間違った印象を与えてしまうことがあります。

「人生は厳しいものだ、頑張れ！」

確かにそうなのですが、それを楽しみに変えていくのが知恵なんです。

正しくやろうなんて考えは忘れてしまいなさい。楽しくやることだけ、考えていればいいんです。眉間にシワを寄せてイライラしながら頑張ると、自分もつらいし、周囲も嫌な気持ちになります。

より速く、より綺麗に、より楽しく効率的にする方法を編み出しましょう。

合理的に考えること、それも精進です。

そのうち楽しくなってきて、気づいたら結果が出ています。そういうものです。

26

勝負のとき、損得勘定はなしだ。

2017/08/04　損得勘定を捨て、見返りを求めない生き方──大愚禅【無功徳】

「事業に行き詰まってしまい、もう、どうしていいかわからないんです」

私が若かった頃、ある社長さんがお寺に相談に来られました。帰り際に本堂の賽銭箱を前にした社長さんは、財布を取り出し、中身をさっと点検してから小銭を投げ入れました。

そのときです、師匠が一喝したのは。

「人生のどん底で行き詰まって、仏の教えを聞きに来たというのに、あなたはまだ金銭の損得を考えているのか！」

社長さんはぎょっとした顔をしていましたが、側にいた私も、そのときは意味がわかりませんでした。この話をすると、「さすが師匠は商売上手で、小銭じゃなくてお札を入れさせようとしたんですね」と意地悪を言う人もいますが、違います。

賽銭箱は、執着を手放す修行のために置かれています。面白いもので、私たちはお金のないときにはそんなに執着しませんが、お金を貯め始めると気が変わります。ようやく貯めた三〇〇〇万円が二五〇〇万円に減ると、心が痛みます。「じゃあ、一億円貯めたら全然気にならないか？」というとそうじゃなく、九〇〇〇万円に減ることはものすごく痛い。一〇億円貯めて「もう使い切れないんじゃないか?」という状態になっても、それが九億円に減ることは、やっぱり痛みなんです。

貯めこめば貯めこむほどお金に執着し、数字で物事を見てしまう癖がつきます。

しかし、人生に行き詰まったときにまで小さな損得にこだわっていたら、立て直しという本質的なことは成し遂げられない。師匠はそれを伝えようとしたのです。

その社長さんは気づいたのでしょう。黙ってお札を入れて帰っていきました。しばらくして手紙が届きました。

「私は小さな損得を気にして商売をしてきましたが、和尚さんの一喝で目が覚めました。損得抜きで、本当にお客さん、取引先、従業員の幸せを願いたい。作る人、届ける人、買ってくださる人、自分の商品にかかわるすべての人に幸せになってほしい。そのために覚悟をし、自分の持っているものを損得抜きで投げ出して思い切った勝負をかけたら、事業がなんとか上向いてきました」

「ダルマさん」と、親しまれる達磨大師にこんな逸話が残されています。優れた僧侶として名高い達磨大師がインドから南北朝時代の中国に渡ってきたとき、梁の皇帝である武帝が噂を聞きつけてさっそく招待しました。武帝はお寺を造り、僧侶を育成し、自身も写経をするという熱心な仏教徒として知られていました。

「私はかように功徳を積んでいます。この功徳はどのように報われるのでしょう？」

武帝がこう質問すると、達磨大師はきっぱり一言、「無功徳」と答えました。

つまり、「これをやれば覚《さと》りを開ける、素晴らしい世界に生まれ変われる」という見返りを求めているなら、どんなことをしても功徳にはならないという意味です。

親切や良い行いをしながら、どこかで「ありがとう」と感謝されたい、「いい人だな」と好かれたいなど見返りを求めてしまうのはよくあること。ビジネスには損得勘定も必要ですし、「感謝されたい」という自然な欲求は悪いことではありません。

でも、勝負をかけるような人生の転機であっても、神仏の前で小さく保身に走ろうとする社長に、良い結果が訪れるはずはありません。

リスクをとる覚悟で、捨てなければ得られないこともあるんです。

27

窓は開いている。

2017/10/05　自分を変えていくヒント

私が修行でご本山に入ったのは二二歳のとき。そこでは、はじめの「百日禁足」というルールがあり、外出はもちろん、新聞、テレビ、雑誌などが禁止され、完全に外部から遮断されます。家族、友達、恋人に連絡を取ることは許されません。

修行に入ると決めた私は、アパートを引き払い、持っていたものを全部手放し、当時おつきあいしていた女性とも別れて本山に行きました。

当時の私は、将来への不安や別れた彼女への未練で、内心荒れていました。だからきっぱりと外の世界から離れて、修行に励み、そして心が平穏になった……と、話はそううまくいきませんでした。

禅寺の朝は早く、慣れないことばかりで失敗し、一日中怒鳴られたり叱られたり、心身ともにクタクタです。でも私は、「修行に入る前の世界を全部忘れるくらい頑張ろう。自分の体に鞭打って、バカになって頑張ろう」と考えていました。

消灯は夜九時とされていながら、その後にトイレ掃除があり、先輩の点検に合格しなければ何度でもやり直し。さらに「公務帳」という仕事の申し送りを筆で書き写すのも消灯後の日課で、一字でも間違えれば全部書き直さなければなりません。

最初の一〜二カ月は幸せでした。いつでも、どこでも瞼《まぶた》を閉じた瞬間に寝落ちする、というぐらい疲労困憊《こんぱい》していましたから。

けれども、しばらくすると慣れてきて、坐禅中や布団に入った後など、現実の世界への未練がむくむくと蘇ってました。

「こんなことをして何になる？」「あの子はどうしているだろう？」など悶々《もんもん》とするばかり。ふとした瞬間に入り込んでくるこの考えが、苦しくてたまらないのです。

眠れない、食べられない。考えたくないのに考え続けてしまう。でも答えは出ない。心身の疲労はピークに達し、気がつけば七五キロあった体重は六二キロまで落ちていました。

百日禁足が開け、「お師匠様に報告を」ということで、修行僧はみなハガキを渡されました。私はそこに「苦しい」と書きました。

「乱れた心が修行で楽になると思ったのに、楽になるどころか、苦しくて苦しくて仕方がありません。こんな修行をして何の意味があるのでしょうか？」

「一所懸命に修行をしているつもりです。自分なりに真剣に修行しているつもりです。でも時間が経つほどに、苦しさが増すばかりで、心が楽になりません」

修行をやめるにも師匠の許しが必要なので、そのお願いも込めていました。しばらくして、師匠から返信が来ました。

そこには「落ちろ」と書いてありました。

落ちるところまで落ち切ったら落ち着く。そしておまえの名は今日から大愚だ。

当時、私の僧名は「仏道元勝《ぶつどう》」でした。それを「大愚元勝」に変えて、落ちろと言う……。

修行はうまくいかず、でもやめることもできず、「落ちろ」と言われ、私はどうしようもなくなり、その晩は布団に入るなり、声を押し殺して泣きました。

そのまま次の日の朝を迎えたのですが、不思議なことに今までとは違う感覚が自分の中に芽生え始めました。

「お釈迦様のような立派な僧侶にならねば！」と、あがいてみたけれど、いくら必死に修行してもなれそうにない。そこに「大愚」という名前をいただいたことで、「俺はこれでいいんだ」という気持ちが芽生えたんです。

背伸びして賢くなろうとしなくていい。愚かでいい。

でも、どうせ愚かなら愚かさを受け入れて大愚《おおおろ》かになる。そう開き直ったら、全身の力が抜けて心がスッと楽になったのです。

その後修行を終えて師匠のもとに戻ったとき、あらためて大愚命名の意図を尋ねる機会がありました。師匠は、「大愚は大賢に勝る」と言いました。

禅の世界には「大愚は大賢に通ず」という言葉があります。これは、賢い人は知識をひけらかしたりしないから、一見愚かな人のように見える。つまり、大愚と大賢は表裏一体である、という意味です。

しかし、師匠はそれだと私がまた大賢を目指そうとしてしまうから、大愚のままであれ、と言いたかったんですね。

ここで言う大愚とか大賢は、皆さんが考えているような「賢さ」や「バカさ」とは異なります。

大愚を極めるとは、バカになってひたすら努力すればいいという意味ではありません。たとえば人間は何かしら工夫をしたり努力をしたりするものですが、空回りして結果が出ないことがあります。

しかし、いったんその方法が正しいと思い込むと、たとえ結果が出なくても、自分の選択に固執して抜け出せなくなってしまう。努力するほどに小利口になり、勉強するほどに賢くなる。

でも、結果が出ない。だから、さらにその延長で頑張る。

これは一見頑張っているようでいて、実は小利口な状態。利口なようで、賢いようで、実は愚かだという状態なのです。「その小利口さを捨てて、大愚になってみよ！」という師匠からのメッセージが、大愚という名だったのです。

時々、お寺の窓からハエが入ってくることがあります。部屋に迷い込んできたハエは、やがて外に出て行こうとしますが、なぜか入ってきた窓ではなく閉まっている窓ガラスに向かって飛んでいき、激突します。

それでもう一度、脱出しようと飛ぶのですが、なぜか同じルートを辿《たど》り、窓ガラスへと突き進む。何度も窓ガラスに激突して、しまいには死んでしまいます。

結果が出ない方法を何度も繰り返して頑張る人は、このハエと同じ。人は得てして、自分のやり方にしがみついてしまいます。

しかも、頑張れば頑張るほど、頑張った自分に固執してしまうのです。そこを否定されたくない。でもね、これは大愚とは異なる、ただの愚か者なんです。

だからこそ、修行者にはお師匠さんが必要なんです。

「あなたが何度もぶつかっているのは窓ガラスだ。今度はこっちへ飛んでごらん。窓が開いていて、ふっと外に出られるよ」

本人が見えないことを、大きな目で見て導いてくれる人が師匠です。師匠のアドバイスを受け入れる素直さを持つことが、大愚を極める第一歩となります。

なぜなら、大愚とは究極の素直さだから。

自我というもの、執着というものを一切捨てて、ありのままの世界を、ありのままに見る。その素直さの極致こそ大愚なのです。

師匠が右と言ったら右へ、左と言ったら左へ行く。

師匠に従って教えを聞いて修行していく素直さがあれば、延々と窓ガラスに体当たりするような、愚か者にならずにすみます。

そこで私は弟子たちによくこう言っています。

「いきなり究極の素直さを身につけるのは難しい。だからまず中愚、小愚にも至らないもっと小さな『微愚《びぐ》』になってごらん」

いきなりゴールを目指さず、少しずつ素直になろうということです。微愚とは人の言うことを聞く素直さであり、人生を生き抜いていくために必ず持たなければならないものです。

自分のやり方に固執してはいけません。出口がないと思っているかもしれませんが、窓は開いているのです。そのことにとっくに気づいている人がいる。

優れた人の助言に耳を傾けられる素直さを、持ち続けなさい。

そうすれば必ず、自由な大空へ羽ばたいていくことができるでしょう。

第四章
物事を成すには方法がある

28

自己流でやるな。

2020/03/27 【頑張っても】収入が上がらない人の特徴

真面目に努力しているのに、なかなか目的を達成できない人はたくさんいます。たとえば採用試験や昇進試験にいつも落ちてしまう。婚活を始めてみても、なかなか相手に選ばれず、お見合いにすらこぎ着けない……。

「選ばれない自分」を突きつけられるのはつらいものです。心が折れます。そのうちやる気がなくなってしまうでしょう。

でも、この「真面目な努力」が曲者です。自己流で頑張ってはいるけれど、その頑張りは結果につながっていないかもしれません。

自分の努力が見当違いかもしれない。

やり方が間違っているかもしれない。

こういう考えを持たずにがむしゃらに突き進む人は、誰からも認められないことが続くと、やがて他者を恨むようになります。

「会社が悪い」「上司が信頼できない」「不公平だ」という不満が募り、やがて「社会が悪い、この国が悪い」という思想に陥ります。

「この世では自己こそ己の主である。他人がどうして自分の主であろうか。賢者は自分の身をよく整えて、目的を達成する」

これはダンマパダ（法句経《ほっくきょう》）に出てくる言葉です。どんな人でも、自分の人生の主人公であり、自分を整えて目的を果たす……普遍的な教えです。

目的を果たすには、相手の立場に立って自分を整えなければなりません。なぜなら私たちは皆、関係性の中で生きているからです。

もちろん頑張ることは大切ですが、頑張り方を間違えてはいけません。

お客様にとって心地良い頑張りでなければ、それはただの押し付けです。会社にとって望ましい頑張りでなければ、評価されません。恋愛でも相手が求めていない愛情なら、迷惑です。

「そんなの不公平だ」と言う人がいますが、よく考えてみてください。

私たちは常に「選ぶ側」でもあります。

たとえば駅前にラーメン屋が二軒あれば、どちらかを選ぶ。味が良いほう、サービスが良いほう、値段が安いほう、理由はいろいろですが選んでいます。

それが経済の現実であり、自分だけそこから外れようというのは、かなり無理があります。

頑張っても成果が出ない人に私が勧めるのは、尊敬できる人に侍ること。選ばれるためには、選ばれている人の真似をすればいい。

会社であれば、結果を出していて「この人はすごい！」と尊敬できる人のそばに、べったりとくっつく。一挙手一投足を詳細に観察していれば、その人の「うまくいくやり方」を知ることができます。

自己流の頑張り方なんて忘れてしまいなさい。完璧なまでに、徹底的にその人を真似てみなさい。そうすると、成果が出る頑張り方が、そして選ばれるための方法が、わかってきます。「学ぶ」とは「真似ぶ」ことから始まります。

まずは自己流を捨てて、尊敬できる人を〝完コピ〟しなさい。

創意工夫を付け加えてよいのは、もっと後。

自分で成果を出せるようになってからなのです。

29

どうやったら
うまくやっていけるか
本人に聞け。

2019/11/13 「どう行動すべきか」は周囲に学べ

「この会社で、どうしたらうまくやっていけますか？」

「恋人や夫と、どうしたらうまくやっていけますか？」

YouTubeで相談に乗っていると、こんな質問がたくさん来ます。私の答えはいつも決まっています。

「そんなこと知りません」

冷たいことを言うようですが、他人の私にわかるはずがありません。


禅の言葉に「感応道交《かんのうどうこう》」というものがあります。人間と人間が言葉にならない、言葉を超えた感覚的なつながりをお互いに感じたとき、ずっと別々だった二つの道が交わっていくという意味です。

禅の修行であれば、師匠と弟子が感応道交を目指しますが、夫婦でも友達や恋人でも、上司と部下でも、感応道交は起こりえます。そのとき、つながりは深いものとなり、良い関係性が育っていくのです。

言葉にならない感覚的なつながりですから、第三者である私にはわかりようがありません。だから答えようがないのです。

では、どうしたらいいか？　感応道交が自然に起きるのが理想ですが、そのゆとりがないのが私たち現代人です。早くなんとかしなければと、せっかちに答えを求めてしまいます。

たとえば、自分に自信がない人が、あるベンチャー企業に採用されたとします。社長は尊敬できる人物だし、先輩たちも仕事ができるように見える。それに比べて自分は未熟で愚かに思えてたまらない。

そんなとき、不安に駆られたその人は「どうしたら採用してくれた社長に応えられるんだろう……？」と思い悩んで、腰が引けてしまうんです。

それでは感応道交は起きないでしょう。もしそんな人が私のもとに相談に来たなら、こう答えます。

「私でなく、本人に聞きなさい」と。

採用してくれた社長でも、直接指導してくれる先輩でもいい。素直にストレートに

「私に何を期待してますか?」と聞いてしまう。これが一番良いと思います。

相手の答えはきっと、かなり具体的です。

「これをこんな風にやってほしい」「あれはしないでほしい」など具体的な要望が出ると思います。

それでいいんです。言われたことを言われたようにやってみましょう。

どんなに頑張っても、最初から相手の期待通りにはいかないはずです。つまり、いきなり「ふさわしい人間になる」なんて無理です。

期待通りは無理でも、少しでも近づくように言われたことをやる。やがて言われた通りにできるようになってきたら、相手の期待を一ミリ上回るところを目指す。

最初から期待を一メートル上回ることは不可能ですが、ちょっとずつなら期待を上回る仕事が必ずできます。

その積み重ねでいつか期待を一メートル上回れます。

感応道交という言葉を超えたつながりは、この繰り返しの中で、ある日自然と生まれるものなのです。

30

「なぜ」を問う。

2019/04/12　思い通りにいかないのは、間違っている過程があるから

円滑なコミュニケーションを取れるようになって、うまく世の中を渡っていきたい」という悩みを打ち明けてきた女性がいました。

周りを見てみれば、上司の指示をうまくかみ砕き、要領よく対応している人ばかり。でも彼女は、すぐ肩に力が入ってしまい、考えれば考えるほど混乱してしまう。うまくコミュニケーションが取れない。

そこで私は、コミュニケーションは枝葉の部分で、本質的な問題ではないとお話ししたんです。


禅には「公案《こうあん》」という修行があります。弟子を覚《さと》りに至らせるために、師匠が質問をし、弟子が答えていくというもの。自分の頭で論理的に考えること、日々体を使って物事を成すこと、その両方が修行には必要なんですね。

何度も言うようですが、頭で考え、心で思ったことを話し、行動に表していく。その積み重ねが生きるということです。考えたこと、思ったことを表すのが言葉や行動であり、そこに矛盾がなければちゃんとした結果が出ます。しかし、思考がぼんやりしていたり、言葉や行動が矛盾したりしていると、何事もうまくいきません。

大切なのは大元である「考えること、思うこと」。これは種まきのようなものです。悪い種をまけば悪い実がなる。桃の木を植えて育てれば桃の実がなり、柿の木を植えて育てれば柿の実がなります。ここは間違いがない原則なんです。

公案で師匠が弟子に出す質問は、謎かけのような、ぱっと聞くとよくわからない問いが多いのです。なぜなら、「この質問の本当の意図はなんだろう？」と弟子が考えることが修行だから。物事の本質を見極める目を養うために、公案はあるんです。

物事の本質を見極めようと考えていくと、必ず突き当たる問いがあります。

それが「なぜ？」ということです
中学の英語で5W1Hというのを習いましたよね？　when where who what why howですが、特に仕事をしているときは、「納期はいつ？　現場はどこ？　誰と何をどうやればいいの？」ばかりを確認します。

しかし結果を左右するのは、whatでもhowでもwhoでもなく、whyなんです。「なぜ？」という問いなんです。

「コミュニケーションが苦手だ」と悩む人の多くは、言葉や行動という枝葉の部分にばかり気を取られがちで、「なぜ？」という本質を見落としてしまう。

話が下手だ、人づきあいが苦手だ、要領が悪いというのはhowの部分。そこで問題を解決しようとコミュニケーションの取り方だけ学んでも、人間関係はうまくいきませんし、仕事で成果を上げることもできません。

大切なのは、「なぜこの仕事をやるのか？」「なぜ上司はこの指示をしたか？」などと「なぜ？」を問い続け、理解することです。

理由がわかり、自分に何が求められているのかがわかれば、要領の良いコミュニケーションができます。結果に直結する行動もとれるようになるんです。

問いへの答えがある人は、多少のトラブルでも持ちこたえられます。迷ったときに立ち戻れる明確な指針があるからです。

もちろん、自分一人で考えなくていい。わからなかったら上司や尊敬する人に聞いてみなさい。なぜ、それをするのかを。

31

モチベーションはいらない。

2017/05/20　うまくいかないのは、モチベーションの問題ではない！

何をやっても長続きしないとき、モチベーションが足りないと悩む人がいます。ある三〇代の男性もそうでした。

もともとは派遣社員として働きながら「自分のブランドを持ち、店を開きたい」と思っていたけれど、モチベーションがなくなってしまったと彼は言います。

しかし派遣社員では将来が不安だと考えた彼は、三〇歳で独立。ネットショップを立ち上げたものの、商品が売れずに一年で撤退。今は別の仕事をしているけれど、とりあえずの仕事なので満たされないそうです。

彼はいろいろな挑戦をしました。電子書籍の販売、ホームページ制作……、しかしどれもその売り上げで生活できるまでには至らず、途中であきらめてしまいます。自己実現がしたいのに、何をやっても一年足らずでやめてしまう。自分が納得できる仕事で成果を出せるように、モチベーションを保つにはどうしたらいいのか……。

私は彼の話を聞いて、これは仏教でいうところの「因果の法則」だな、と思いました。すべての物事には、原因があって結果があるということです。

そもそも、モチベーションは後からついてくるものです。自分の中から湧き上がってくるわけではありません。

仮に一年間必死でネット販売をやって一つしか売れなかったとき、「それでも続けていくんだ！」というモチベーションが強かったらどうでしょう？　二年目も頑張るかもしれませんね。

しかし三年、四年と頑張り、一〇年モチベーションを保ち続けたら、一年で一つしか売れなかった商品が、突然大ヒット商品に変わるでしょうか？

そんなことはあり得ないと私は思います。

そういうモチベーションはいらないし、仮にあったら、とんでもないことになります。一〇年で一〇個しか売れないなら、やらないほうがましです。

逆に言うと、モチベーションなんていうものは、商品でもサービスでも勉強でも、成果が上がると、勝手にどんどん出てくるものなんです。

「別に長続きしなくていい」という話ではありません。まいた種が芽を出して実をつけるには、ある程度の時間が必要です。

しかし、何かに挑戦して成果が出ない場合、必ずしもモチベーション不足のせいではありません。因果の法則の「因」を間違えては解決策も間違えることになってしまいます。

モチベーションにこだわるのはやめて、何がいけないのかを落ち着いて見直してみると、正しい原因が見えてきます。

相談に来た彼の例で言えば、単にインターネットのビジネスのルールやセオリーを知らないから、成果が出ていないだけかもしれません。

売れない商品を、売れない方法で売っていても、絶対に売れません。

因果の法則を踏まえた上で、何が足りなかったのかを、もっと深く掘り下げて検証し、チャレンジしていけば確実に階段を上っていけると思います。

「モチベーションの問題だ」と言い訳できないので苦しいですよ。でも大丈夫。原因がわかれば、より良い結果がやってきます。

モチベーションで頑張るのはそこからです。

32

チャンスをつかめるのは準備が整っている人だけ。

2017/07/17　正しいチャンスのつかみ方―大愚禅【啐啄同時】

「啐啄同時《そったくどうじ》」という禅語があります。

卵の中にいるひな鳥が、もう孵化《ふか》して外に出ようと、内側から卵の殻をくちばしでコツコツ突っつくというのが「啐」。

ひな鳥が殻をコツコツ突っつき始めたサインを見て、親鳥が外から孵化を助けようと、殻をコツコツ突っつくことが「啄」。

ここからタイミングがぴたっと合う、絶好のチャンスといった意味でも使われています。禅寺でも、弟子が懸命に教えを求めているタイミングに、師がぴったり合わせて適切な教えを与えてこそ、修行が進むと言われているんですね。

努力とチャンスの関係もまた、啐啄同時です。

「いい機会に恵まれない」とか「チャンスが訪れない」とか「運が悪い」と嘆く人がいますが、それはチャンスがないわけじゃないんです。

自分が普段から成している努力を内側からコツコツコツコツ積み上げて、「あとひと息！」という状態になったとき、チャンスが外側からやってきて、コツコツコツコツと卵の殻を突っついて、孵化できるように助けてくれる。

それこそが努力とチャンスの関係における「啐啄同時」なんです。

「えっ、努力なら一所懸命にしていますよ？　でも全然チャンスに巡り合えません」

こう言う人もいますが、「あとひと息！」という状態になっているかどうかは、わからないもの。

今日あきらめなければ、明日チャンスが助けてくれるかもしれない。今年はダメでも三年後、チャンスが外側から助けてくれるかもしれない。

いずれにしても、これだけははっきりしています。あきらめて、努力をやめたら啐啄同時は永遠に起こりっこないと。


たくさんのベストセラーを世に送り出したある凄腕編集者さんから、こんな話を聞いたことがあります。

「本を出したい、書きたいといって、私のところに来る人はいっぱいいます。それで私が『じゃあ、今までに書いた原稿を見せてください』と言うと、『いや、これから書こうと思っているんです』と答える人がほとんど。もうその時点でアウトですね」

確かにその通りで、ベストセラー編集者に会える、それだけでもうチャンスなのに見せる材料すら持っていないというのは、全然準備が足りていません。

本気で書きたいことがあるのなら、すでに何か書いているはず。原稿をいつでも見せられるはずです。

「啐啄同時」は、漠然とした夢を抱き、ただぼんやりとチャンスが訪れるのを待っている人には永遠に起こりません。何をしたいか、どうなりたいのかを明確にして、そこへ向けて自分ができる精一杯の努力を夢中でやっている人にだけ、しかるべきタイミングで「啐啄同時」が起こるのです。

卵の中のひな鳥にチャンスが訪れたとしても、外で生きていくだけの力が伴わなければすぐに死んでしまいます。

チャンスという名の親鳥は、準備が整っているかどうかを見て、そのタイミングを測っている。私はそう確信しています。

夢を叶えられる人は、夢を明確にして、具体的な準備を進めている人だけです。

33

混乱したら整理整頓。

2016/04/12 【忙しくて時間がないときに聞く話】人生を整理整頓し時間を作り出す方法

「自分の人生を生きなさい」とYouTubeで話すと、クレームが来ることもあります。

「お坊さんなら、自分のことだけやってればいいけど、私は違う。子育てして、パートして、家族のご飯を三食用意して……。勝手なアドバイスは役に立たない！」

確かにみんな忙しく、「やるべきこと」は常に目の前にあります。

それは私も同じで、山の中にこもり、独りで修行しているわけではありません。結婚して奥さんと子どもがいます。お坊さんが嫌で起業したので、今は三法人七事業の経営にかかわっており、給料を払うべき従業員もいます。書籍の執筆を複数、講演、YouTubeの収録、予約も延期もできない葬儀も入ります。週二回空手の指導をし、しかもお寺には犬が二匹、ヤギが三頭、豚が一頭。動物たちの世話も私の仕事です。

意外と忙しいでしょう？

「忙しくて何もできない」と言う人は、たいてい頭の中が混乱しています。私もこれまで何度も経験していますし、今でも時々そんなときがあります。

頭の中も心の中も混乱したまま、今日が過ぎ明日が過ぎ、一年が過ぎ、気がつけばこんな年齢になってしまった……。十分あり得ることです。

混乱している人は珍しくないどころか、世の中混乱した人だらけです。

仏教の教えは「混乱した自分の人生を、すっきりさせていくもの」です。

お釈迦様は、私たちの人生を混乱させる毒は三つあり、それを「貪《とん》・瞋《じん》・痴《ち》」と言っています。今の言葉で言えば「欲・怒り・迷い」です。

混乱から逃れるための方法は、整理整頓です。

「整理」とは、要らないものを捨てること。「整頓」とは、必要なものを元の位置に戻すこと。この二つを合わせて「整理整頓」です。

人間は年を取れば取るほど、人づきあいも義務も増えていきます。時間がなくなって混乱しているときに限って緊急事態が起きて、パニックを起こしたりします。

身の回りが整理整頓されておらず、頭の中が混乱している状態は、例えるなら生ゴミが腐って臭っているようなものです。

忙しすぎて混乱したら、いったん手を止めて整理整頓をしてみましょう。

まずは「整理整頓のための時間」を確保すること。そして思い切って整理整頓を断行すると、心に余裕が生まれ、今何をすべきかがわかるようになるのです。

私は三カ月ごとに、「持ち物」「習慣」「脳内」の整理整頓をしています。

「持ち物」は、生活用品から仕事用品、スマホやパソコンのデータまで、すべてのものの整理整頓です。目に入るものが多すぎると、それだけで脳が疲れてしまいます。

「習慣」は、スマホ、ネット、ゲーム、テレビ、お酒など、強力な引力で私たちの時間を奪う習慣の整理整頓です。時間がないと言い訳する人ほど、これらの習慣に費やす時間がたくさんあったりします。

「脳内」は、未解決の問題や心配事、やること・やらないことなどの整理整頓です。これらを紙に書き出して整理し、やるべきことを順番に処理していきます。

整理整頓は、自分と向き合い、自分をよく知るための作業でもあります。自分にとって何が必要で何が不要かがわかっていなければ、できないからです。

捨てる作業には、必ず痛みを伴います。でも断行する。

一度、本気の整理整頓を行ってみてください。人生が変わります。

34

自分のレベルを知りなさい。

2020/01/08　登りたい山があるなら、登るための準備をしなさい

「大学くらい出ておくべきだった」

「本当ならもっとレベルの高い大学に行っているはずだった」

学歴コンプレックスの人から、けっこう相談が来ます。

まず知っておいてほしいのは、お釈迦様もキリスト様も、大学を出ていないということ。ミュージシャン、芸術家、起業家、経営者……、学歴がなくても歴史に名を残す人はいくらでもいます。


どうしても気になるなら、学歴なんていつでも、いくらでもつくれます。

福厳寺のお檀家さんのおばあちゃんで、娘さんが離婚し、孫を連れて帰ってきたという方がいました。シングルマザーとして働いていた娘さんは、やがて新たにいい人ができて、子どもを置いて出て行ってしまった。そこで、おばあちゃんが孫の面倒を見ることになりました。

離婚した父親と会うこともなく、母親にも捨てられた孫が不憫《ふびん》で、おばあちゃんは何とか孫を大学に入れたいと思いました。それがすべてではないにしろ、学歴があったほうがいいと思っていらしたんですね。

しかし祖母の心、孫知らず。お孫さんは複雑な家庭の影響なのかちょっとグレていて、大の勉強嫌いだったんです。

そこでおばあちゃん、なんと自分も一緒に受験勉強を始めたんですよ。六〇代も終わりで長らく勉強から遠ざかっていた普通のおばあちゃんが、孫と図書館に通って必死で勉強なさった。

そして早稲田大学に合格したんです。学費の問題もありますから、おばあちゃんは合格しただけで大学には行きませんでしたが、お孫さんも別の大学に合格。今ではちゃんと就職して、立派に働いています。

私はこのおばあちゃんを見ていると、人生の本質を教えられる気がします。

学歴はいつでもつくれるし、そもそも学歴なんてどうでもいい。だって、結局大学に行かなかったおばあちゃんは高卒のままですが、どんな一流大学を出た人よりも素晴らしい方ですから。

突き詰めれば、学歴コンプレックスの人の問題は、学校ではありません。

「本当ならもっと上の大学に行っているはずだった」というのは考え違いなんです。今行っている学校はレベルの低い学校ではなく、その人の実力に合った学校です。実際に卒業したのですから、嫌でもその人に合った学校だったんですよ。

自分の実力を正確に把握していないという時点で、レベルが低いとも言えます。

厳しいことを言うと思うかもしれませんが、山にたとえてみましょう。

Tシャツと短パンとスニーカーで近所の山に登って、「俺はエベレストに登る。俺はこんな低レベルじゃない」と思っていたら、永遠にエベレストに登れません。

自分のレベルを認められない人は、「何が足りないか」すらわからない。

エベレストは、生半可な準備では登れません。必要なトレーニングや装備など、近所の山とは天と地ほど違います。

今の自分がいるところから、どうやってはい上がっていくか。これが本当の勉強なんです。これが人生にとって最大の研究テーマなんです。

自分の現在地も知らず、別の場所のことばかり考えているのは、ただの妄想です。

35

必要なものだけ求めなさい。

2017/08/01　欲望をコントロールし心を満たす秘訣―大愚禅【知足】

自分を知らない人は、見るものがなんでも欲しくなる。限りなく欲がふくらみ、欲に振り回されて、本当になすべきことができません。

知足《ちそく》という仏教の言葉があります。足るを知る、つまり「すでに持っているものに目を向ければ満たされる」ということ。「知足第一富《ちそくだいいちのとみ》」という言葉もあり、「自分が十分満ちたりていることを知っている人こそ豊かになる」という意味です。

ここまで話すと、「それって現状に満足しろって意味ですか？　もっと満たされたいという欲は悪いことなんですか？」という質問が出ます。

いやいや、全然そんなことではありません。それに、欲自体は悪いものではない。なぜなら人間は、欲がなければ生きることはできないからです。生きるには食べ物が必要だし、健康に生きるには質の良い食べ物が必要です。食べ物を得るには、お金がいります。自給自足の生活を目指すにしても、畑の土地代も必要ですし、苗や種、肥料、収穫する道具だっていります。

教育を受けるにもお金は必要で、この資本主義社会の仕組みの中でよりよく生きていくためにはやっぱりお金が必要です。

健康や教育を求めるのも、悪いことではありません。また、欲しいものを得るための努力や工夫も、ちっとも悪いことじゃない。むしろ積極的にやって良いのです。問題は、「悪い欲」が巨大化すること。

日常的に私たちが使う言葉に「満足」がありますが、「満足」と「知足」は似て非なるものです。

満足とは、外から何かを得て満たされていくイメージ。しかし多くの人は、自分が外から得たいものが何なのか、実はよくわかっていません。だから他人が持っている「何か」を欲しがります。

たとえば、売れっ子芸能人のセレブな生活をテレビで見たら、「自分もあんな生活をしてみたい」と思う。優しい彼氏がいる友達を見たら、「自分もあんな彼氏がいたら幸せになれる」と思う。

でも、人が持っているものが、自分にも必要かといったら、必ずしもそうではないんです。

背が低いけど、足腰が強いサッカー選手がいたとします。自分の強みを生かすために体幹のトレーニングに力を入れ、より活躍できるようになりました。

しかし隣にいる背が高いバスケットボール選手を見て、「もっと身長があればなぁ」と嘆くのは無駄です。

仮に奇跡が起きて背が伸びたとしても、今度は天才フィギュアスケーターを見て「あんな美しさが欲しい」と思うかもしれません。サッカー選手に美しさはいらないにもかかわらず。

まず、自分が持っているものを知ること。「私にはこういう良さがある」と認識し、「それは価値があることだ」と評価し、まずは足るを知る。

その上で、自分に本当に必要なものを求めていく。その欲は健全な「良い欲」ですし、努力しようという意欲にもつながります。

そうやって向上し続けていく喜びこそが、人生の豊かさなのです。

自分のことをよく知って、自分に必要なものだけを求めなさい。

第五章
慈悲心があなたを救う

36

嫌いな人よ、幸せであれ。

2016/10/04　悪口や嫌がらせに対する正しい心構え

私のところには「僧侶がYouTubeとは、落ちたもんだ」「覚《さと》りも開いていない生半可な坊主が、偉そうに説教か」といった誹謗中傷が時々寄せられます。一般人にも仏教関係者にも〝アンチ大愚〟はいるでしょう。

悪口、陰口、中傷は影のようなもの。光があれば、影が生まれます。

何かを言えば反論があり、何かをすれば非難される。それが人間の社会です。

世の中の全員に評価され、理解されるということはありえません。

こうした誹謗《ひぼう》中傷に対して、私が決めているルールがあります。それは、誰が言ったかによって受け止め方を変えること。

私のことを理解し、いつも応援してくださる方、自分では気がつかないことを注意してくださる方に「大愚さん、それはおかしい」と苦言を呈された場合は、しっかり受け止めて反省します。逆に私の生活や志をよく知りもしない人に何か言われたところで、動じる必要もないですし、実際に動じません。

「汚れのない人、罪のない人、清らかな人を害《そこな》えば、その愚者にこそ悪は戻る。逆風に投げた微塵《みじん》の如く」とは、ダンマパダ（法句経）に登場するお釈迦様の教えです。「汚れも罪もない心の清らかな人に対して、悪口、意地悪、危害を加えるようなことがあれば、加えた人自身にその悪意が降りかかる。まるで向かい風にゴミを投げつけたときのように」という意味です。

お釈迦様のおっしゃるとおりだと思います。

自分が正しく生きていれば、誰かからの誹謗中傷を気にする必要はありません。

ところが、相手が投げたゴミを、悪意を持ってまた倍返しすれば、今度は倍になって自分に戻ってくる。仏教は頭ごなしに「悪口を言われても耐えなさい」と言っているわけではなく、因果の法則を説いているんですね。

誰に何を言われようと、後ろめたいところがなければ聞き流せばいい。

でも、自分に自信がない人は、「あんなことを言われた」「私が間違ってるのかな」と、悩んでしまうのです。そこで、誹謗中傷を受けたときに怒ったり、落ち込んだりすることがないよう、普段からお勧めしたいのが慈悲の瞑想です。

次の四つの言葉を自分の中で繰り返してみてください。

私の嫌いな人々、そして私を嫌っている人々が幸せでありますように。
私の嫌いな人々、そして私を嫌っている人々の悩み苦しみがなくなりますように。
私の嫌いな人々、そして私を嫌っている人々の、願い事がかないますように。
私の嫌いな人々、私を嫌っている人々にも覚りの光が現れますように。

自分が好きな人や、自分のことを好いてくれる人の幸せなら、誰だって自然に願えます。でも、自分が嫌いだし、自分のことを嫌っている人の幸せを願うのは難しい。幸せを願うどころか、「許せない」と腹を立てて、「いつかひどい目に遭わせてやる」と恨んだりします。

でも、ちょっと考えてみてください。

ネットでも実生活でも、いつも他人を批判し、悪口を言っている人というのは、実はかわいそうな人たちではありませんか？　自分が満たされていて、やりたいことに夢中な人は、他人を中傷している暇なんてありません。

かわいそうな人たちのために、慈悲の瞑想をしてみなさい。効果は保証します。

嫌なあいつも赤ちゃんだった。

2017/04/07　大愚流「クレーム対応」「接客」の極意

生きていれば、心ない言葉を投げかけられることもあるでしょう。

仕事中に「さっさとしろ、こちらは客だ」という大きな態度を取られることもあります。日頃のストレスをぶつけるかのように、横柄な物言いをする人もいるでしょう。

たとえこちらに非がなくても、頭を下げなければならないことは少なくありません。

それが度重なれば、さすがに傷つくし、嫌になっちゃいますよね。

「なぜ、そこまで言われなきゃいけないんだ」と怒りが湧いてくるかもしれません。

こんなときに役立つのが、道元禅師の「愛語《あいご》」です。

愛語とは相手が耳にして気持ち良い言葉を使うことなのですが、これは上辺の言葉遣いの話ではありません。愛語の使い方や愛語の持つ力をきちんと理解して話せば、自分の心持ちも、周りの人との関係も改善していくという教えです。

愛語とは衆生《しゅじょう》を見るに、先《ま》ず慈愛の心を発し、顧愛《こあい》の言語を施すなり、
慈念衆生猶如赤子《じねんしゅじょうゆうにょしゃくし》の懐《おも》いを蓄えて言語するは愛語なり、
徳あるは讃《ほ》むべし、徳なきは憐れむべし、

怨敵《おんてき》を降伏し、君子を和睦ならしむること愛語を根本とするなり。

これは道元禅師の書かれた『正法眼蔵《しょうぼうげんぞう》』に登場する一節です。現代語訳すると、こんな意味です。

愛語とは誰に対してもまず慈愛の心を持ち、愛のある言葉を発することだ。命あるすべての人に、親が赤ちゃんを慈しむような愛を持って言葉を発しなさい。徳のある人に出会ったら讃え、徳がない人に出会ったらかわいそうだと憐れみなさい。

敵の怨みを解きほぐすのも、人格者にその善き心を自覚させるのも、愛語の力なのだ。

私はこの一節がすごく好きで、法要でこのお経を読むたびに、「自分もちゃんと愛語を使えているか」と再認識します。

赤ちゃんに憎しみを抱く大人はいません。あなたに対して失礼なことを言ってくるクレーマーがいたとして、その人がよちよち歩きの赤ちゃんだったとしたら？

気まぐれで指示がコロコロ変わり、現場を混乱させる困った上司が、もしもようやく言葉をしゃべれるようになった幼い子どもだったとしたら？

「まあ、赤ちゃんなんだから仕方がないか」と許せるんじゃないでしょうか。

今度、困ったことを言ってくる人がいたら、それがスーツを着た五〇歳の男性でも、お化粧が濃い怖そうなおばさんでも、「この人は赤ちゃんの頃、どんな顔をしていたのかな？」と想像してみてください。

その上で、本当に生まれたばかりの赤ちゃんを抱っこしているかのように、話を聞いたり、声をかけてみてください。

人間関係で悩む人からは、「あの人は上から目線だからムカつく」という相談をよく受けますが、抱っこされた赤ちゃんの上から目線なんて、かわいらしいもんです。

幼き心を持った大人は多いもの。上から目線に、させてあげなさい。

その代わり、あなたは上も下も包み込む、大いなる目線でいてください。

38

優しいまなざしに人は吸い寄せられる。

2019/07/13 「奪って守る」のではなく、与え上手、与えられ上手になろう誰からも好かれない、と悩む人は決まってこう言います。

「私は不器用だし、何の取り柄もないから……」

厳しいことを言うようですが、不器用だというのは人間関係がうまくいかない言い訳にはなりません。

私たちは一人で生きていくことはできませんし、自分だけで存在しているわけでもありません。他との関係を生きているのです。

この人間の関係というのは、命と命のエネルギーの交換であり循環です。

つまり、与えることと、受け取ること。

人間関係がうまくいっていない人は、この循環が滞っています。

自然界の水はひとところに留まらず循環しています。雨が降って、山野に落ち、やがて流れて川へ、海へ行く。海から蒸発した海水は天空に昇ってまた雨になる……。

人間の関係もまったく一緒です。与えて、与えられて、与えるの繰り返し。

この循環がうまくいったとき、私たちの生活に潤いが訪れます。

いつも「奪われるんじゃないか」と恐れて自分を守る。それでいて、自分だけは損しないように、少しでも多く奪いたい。

無意識にでもそういう気持ちがあって、斜に構えて生きていれば、動物的な肌感覚で見抜かれてしまうものです。周囲の人に「この人とはうまくやっていけないかも」と思わせてしまっているかもしれません。

赤ちゃんを見てください。

お母さんに世話してもらうばかりで、自分では何もできません。

でも、愛くるしいまなざしと笑顔をお母さんに向けています。だから、お母さんは寝ずに面倒見てくれるんです。何もせず奪っているだけのようですが、そうではない。「ただ優しく微笑むこと」これは、仏教が二五〇〇年にわたって大切にしている立派な「布施」なんです。

人間関係がうまくいっている人は、与え上手であり、与えられ上手です。

少しでも自分から心を開いて、人から与えられたときは「ありがとう」と言って、気持ちよく受け取る。

与えるものがなくても、大丈夫。仏教では、何も持たない人のために、お釈迦様は「無財《むざい》の七施《ななせ》」があると教えています。

この中でもさらに簡単な二つをご紹介しましょう。不器用でも、体が不自由でも、言葉を使わなくてもできます。

一つ目は「眼施《がんせ》」。常に温かく、そして優しいまなざしを人に対して向けること。目は口ほどに物を言うというように、目にはその人の心が表れます。うまく話せなくても、誰かを見るときは疑いの目ではなく、温かいまなざしで見る。目が見える人なら、誰でもできることです。

二つ目は「和顔施《わがんせ》」。少しでも穏やかな顔をして、ニコニコしていること。優しいまなざしに、人は吸い寄せられていきます。

この二つのうち、どちらかだけでもやってみてください。

どんなに不器用でも何の取り柄がなくても、私たちはちゃんと誰かから愛されます。必ず一人や二人は友達ができるものなんです。

39

人生は団体競技。

2017/11/24　仲間に馴染めない理由は？ 人生は団体競技

「組織やチームで浮いている。一人は気楽だけど、焦りもある……」

「仲間はいらない。一匹狼で、群れずに実力勝負でやっていく！」

そういうお話を聞くたびに、いつも「もったいないなぁ」と思います。

お釈迦さまは弟子たちに、サンガというグループで修行することを勧めました。

一人では、怠けたり、くじけたり、独りよがりになったり、また病気や危険に見舞わるなどして、覚《さと》りという目的を達成しづらくなるからです。

言い換えれば、同じ目的に向かってチームで支え合いながら修行するほうが、目標も達成しやすいということです。


これは、あらゆる人間に当てはまる法則です。

すべての仕事は、団体競技です。作家、漫画家、ミュージシャン、YouTuber……、一人で仕事をしているように見えても、その作品を商品として世の中に出していく過程には、必ずたくさんの人がかかわっています。必ず誰かの力がいる。誰かに助けてもらわなければいけないという意味で、すべての人間活動は団体競技なんです。

スポーツもそうです。サッカーや野球のように集団で行う競技は団体競技であり、チームプレイ。でもね、私が指導している空手のような格闘技も、陸上や水泳のような個人競技であってもやっぱり団体競技であり、チームプレイなんです。

一人で強くなることはできません。上を目指すなら、誰かに教えてもらう必要があります。みんなと練習することでしか得られない学びもたくさんあるんです。

にもかかわらず、孤立していたら進歩することができません。


ずっと空手をやってきて、忘れられない後輩がいます。

彼は体が小さく、線も細いし、気が弱かった。ガチンコで殴り合い蹴り合うという空手という競技ではやっぱり不利で、昇級するのにかなり時間がかかりました。

それでも一〇年以上も努力を重ねて、黒帯の審査を受けられるほどの実力がついてきました。黒帯というのは技術だけでなく、人格や修行態度が認められて初めて、授かることができる帯です。

受審資格を得るには全支部長の推薦が必要なのですが、彼が黒帯審査にふさわしくないと言う先生は皆無でした。全員が「Ｙｅｓ」と即答したんです。

彼は決して体格に恵まれていませんし、成績上位でもありません。

でも、仲間を思いやり、チームに貢献しようとする気持ちは、どんなに強い黒帯の猛者でもかなわなかった。

仲間の応援に夢中になるあまり、自分の試合順を忘れてしまう。行事の準備、片づけは真っ先にする。弱気になってしまう後輩を、いつも気にしている。

そういう点においては、誰もが認める黒帯なのです。


素直に、団体競技のルールに従ってはどうでしょう？

きちんと挨拶する、注意やアドバイスをしっかり聞く、遅刻をしない。些細なことですが、コツコツ積み重ねていけば、うまく仲間に溶け込めるようになります。

人は人に教えられて成長します。意地を張ってはいけません。

余計なプライドを捨て、周囲と協調してみてください。

きっと殻を破るきっかけになるはずです。

40

手を合わせればみな仲間。

2018/05/30　礼儀作法の力―調和をもたらす日本人の型を知る

「日本人のサービスは丁寧すぎるのではないか？」

「現場は疲弊して壊れていくので、この悪しき習慣はやめるべきだ！」

そんな意見には一理あります。かつて、私も似たことを思っていました。

でも海外を旅すると、日本人の礼儀作法もなかなか悪くないことを思い知ります。

まだ大学院生の頃、アメリカでレンタカーを借りたところ、従業員の方がテーブルの上に足を上げたまま、私の顔を一度も見ずに無言で手続きをして、パスポートを投げ返してきたことがありました。日本では絶対にないことですよね。

けれども、経営者になってランクの高いクレジットカードを持つようになると、同じレンタカー会社でも全然対応が違うんです。お金を持っている人には丁寧に接するのに、そうでない人にはぞんざいな対応をする。日本は、もうちょっとましです。

かといって、日本が完璧だということではありません。

「お客様は神様です」と言って、サービスや商品を提供する側がお客様に一所懸命頭を下げたり、丁寧な言葉を使ったりしている。一方で、お客様は横柄な態度でふんぞり返って優越感にひたっている。

これはお金をもらうために卑屈になっているだけです。敬意がない形だけのものは、本当の礼儀作法ではありません。

礼儀作法とは、周りの人と協調して生きていくための大事な潤滑油。相手への敬意を、言葉や振る舞いという形にして表すものです。

問題は、礼儀作法のカタ（型）に込められた本来の意味を知らないこと。

例えば、仏教の作法に「合掌《がっしょう》して頭を下げる」という型があります。

合掌の右の手は相手。左の手は自分を表します。

普段、私たちは「私はこうだ」「あなたはこうだ」といがみ合ってばかりですが、右手と左手を合わせることで、そんな区別を取っ払ってしまう。

「あなたと私は敵ではありません」

「私の気持ちをできるだけ寄り添わせて一緒に仲良くやっていきたいです」

これが合掌して、頭を下げるということの意味です。カタ（型）とチ（智）が合わさってカタチとなる。

夫と妻、親と子、先生と生徒、上司と部下、店員とお客様。あらゆる関係において、合掌のカタチをもって頭を下げる。敬意を伝え、関係を深めていく。そんな文化の豊かさを知ると、みなさんものすごく驚かれる。特に海外の方は感激されます。

私はお寺で育ったので、礼儀作法は厳しくしつけられたほうでしょう。だからかもしれません。礼儀作法によって相手との信頼関係が強まり、そこから思いもよらない出会いに恵まれたり、助けられたりしていく……。そういう体験を、特に言葉の通じない海外において、私は何度も経験してきました。

言葉を超えたカタチは、国を超え、文化を超えて伝わっていくんです。礼儀作法には力があります。あなたが想像する以上に強い力です。

けっして、面倒な義務などではありません。相手と自分。その二人を、掌《てのひら》を合わせることによって一つにする。そして、丁寧に頭を下げてみてください。

その様子こそ、私と、あなたと、そして見ている人とをも和合する、仏の姿そのものなのです。

41

忍耐強さだけが心の壁を溶かす。

2019/07/05　非言語コミュニケーションを大切にすると、人間関係は劇的によくなる言うことを聞かない子どもや後輩、部下に困ったことはありませんか？

気難しい人や、苦手な人に尻込みしてしまうこともありますよね？

仏教には「対機説法《たいきせっぽう》」という言葉があります。「対」する相手の「機（素質や能力）」に合わせた説法という意味です。

お釈迦様は、各地を遊行しながら人々の悩みを聞き、相手に合わせた説法をなさいました。相手の立場、年齢、知識、タイミング、状況などを考慮し、「どのような伝え方をしたら一番伝わるか」を理解した上で、ぴったりの話をされたといいます。

親でも先生でもリーダーでも、長年経験を積んだ人には、人と関係をつくったり指導していく上での〝得意技〟があるでしょう。でも、それは万能ではない。ある人には有効でも、別の人には通用しないこともあります。

そういうときこそ、新たな得意技を身につけるチャンスです。

よくあるのが、言葉に頼りすぎてしまうこと。

必ずしも、言葉は本心を表していなかったりします。言葉がうまく使えない子どもも、大人もたくさんいます。

信頼関係というのは、言葉だけでは築けません。口ではどんなに良いことを言っても、腫《は》れ物に触るように接すると、相手も敏感に察知します。

「なんかビビってるな」「あんまり好かれていないのかな」と感じさせてしまったら、心を閉ざしてしまうでしょう。

すべての生き物は痛みを避けて、快楽を求めます。自分が怖いことは嫌で避けますが、自分が安心できるところには寄っていきます。そして、心を開いていく。


私にそれを教えてくれたのは、迷い犬です。お寺の門前にはよく犬猫が捨てられていて、中には虐待を受けていただろう傷を心身に負った子もいます。私たちは助けようと手を差し伸べますが、餌も食べないほど警戒している動物には通じません。

できるのは、時間をかけることだけです。一週間でも数カ月でも、「面倒を見る」と決めたなら、信頼関係ができるまでひたすら時間をかける。

以前、犬を二匹飼っていました。一匹は私が買ってきたメス犬、もう一匹は後からやってきた迷い犬のメス。二匹はなかなか相容れませんでした。あるとき、散歩中に二匹がすさまじいケンカになり、迷い犬だったほうが仲裁に入った私の足にかみつきました。怒りに満ちた牙が、ぎりぎりと肉を突き破っていくのがわかりました。

迷い犬とはいえもう何年も飼い、私としては信頼関係ができているつもりでした。でも、心底から信頼を得られていなかった。安心させてやれなかった。

可愛がるだけでは、犬の心の奥底にある不信感は拭えなかったのでしょう。私は足に彼女の怒りを受け止めたまま、じっと犬を見つめ、彼女が離れるのを待ちました。犬もだんだん興奮が冷めてきて、少しずつ口をあけ、ようやく牙を外しました。その後しばらく、彼女は私の目を一切見ようとしませんでした。

でも、それからです。その犬が私に従うようになったのは。

動物でさえ、必死で安心できる場所を探している。それが命の本質です。

人間も同じです。

言葉だけに頼らず、時間をかけて、敵ではないことをわかってもらう。

この忍耐強さが、心の壁を溶かしていくのです。

42

裏切りは病気。

2019/04/26　自分から心を開かなければ、人は心を開いてくれない信頼していた人に裏切られると、相手を恨みたくなります。

でもその人が、あなたを裏切るような弱さを抱えた〝病人〟だったとしたら？

ほんの少しだけかもしれませんが、「仕方ない」と許せる余裕が出てきませんか？

仏教の世界に薬師如来という仏様がいらっしゃいます。多くの薬師如来像の手にあるのは薬壺。「病気を治し、健康に導いてくださる仏様」が薬師如来です。

あらゆる仏様の大元とも言えるお釈迦様は、裏切り者の苦しみをも見抜いた人でした。あらゆる人間に宿る弱さ、苦しみ、痛みを見抜くまなざし。

これがお釈迦様の慈悲の眼であり、そこに「寄り添い、救ってあげたい」という仏心です。そう考えると、お釈迦様ってすごい名医ですよね。

お釈迦様レベルの慈悲心を持つのは難しくても、「みんな痛みを抱えた病人だ」という大前提を持つと、私たちにも思いやりと勇気が生まれます。

これから人を見るときは、その外側だけではなく、その人の心の内側も見るつもりで接してください。

ほとんどの人が、本当は助けてもらいたいし、人を信用したいと思っている。にもかかわらず、心に傷や病を持っている。ゆえに、人のことが信頼できない。人を裏切る。カーっとなってすぐ怒る。騙《だま》されるくらいなら、騙してやれと思う。

お釈迦様が嘆かれたのはそこなんです。

「この人はなぜ、嘘をつかなければならなかったのか」

「なぜ、私を裏切らなければならなかったのか」

そのように常に考える癖をつけると、裏切られてもあまり腹が立たなくなります。

少しずつ、思いやりが育っていきます。

「この人なら裏切られてもいい」

「騙されたとしても、それはこの人の病気のせいだ」

そう思える人と出会ったら、思いやりが育った頃を見計らって、試してほしいことがあります。

心を開き、全面的に信頼してみるのです。

赤ちゃんというのは、「もしかして毒が入ってるかも？」なんて疑いは一切なく、お母さんを信じておっぱいを飲み、それで命をつなぎます。そんな赤ちゃんのごとく、相手を丸ごと信用してしまうのです。

一〇〇％心を開くことができれば、世界は変わっていきます。

誰もが、世の中の人たちをどこか信用できないと思っています。だからこそ、全面的に自分を信用してくれる人に出会ったとき、衝撃を受ける。

本気で信頼してくれている人のことを、なかなか裏切ることはできません。

私もそのことに気づいてからは、人を信頼するようにしています。もちろん裏切られることもあります。

それでも最終的には、私が全面的に信頼しているがゆえに、私のことを信頼してくれる人が集まってきてくれている。そして信頼し合う者だけが残り、信頼しあって一緒に生きていく。幸いにして今、そのような環境が、私の周りに広がりつつあります。

怖がっている限り、誰からも信頼されません。この法則は本当に正しい。

信頼するという態度を崩さなければ、信じ合える人とも出会えるものです。

43

許せなかったことを時効にする。

2018/06/15　過去を変えられないなら、過去の「解釈」を変えればいいあなたには「絶対に許せない人」はいますか？

ある五〇代後半の女性の話です。幼い頃、親にされた仕打ちにずっと苦しんでいました。四〇年以上の時が流れ、自分自身が親になり、孫も生まれようとしていても、幼い頃から抱き続けた親への怒りが消えないのだそうです。

小さい頃の生育環境が持つ影響力の大きさと、親の責任の重さを改めて考えさせられる話です。

しかし、怒りや裏切られたという思いは、本人の問題でもあります。

厳しいことを言うようですが、「裏切られた」という怒りや悲しみを何十年も心の箱にしまって、恨みの心を育て続けたのはその人自身。捨てずに大事に抱えながら、生きてきたということなのです。

誤解しないでほしいのは「恨みを育てたんだから、本人が悪い」という話ではないということ。どうやら人間というのは、何でも持ち続けたい、手放したくない生き物のようです。

さっさと捨てたほうがいいネガティブな感情すら、持っていたい。だから子どもの頃の怒りや恨みを抱えたまま、大人になってしまう。

過去に戻って、親から自分を守ることができたなら素晴らしいですが、それは不可能な話。変えようがありません。


こんなお釈迦様の言葉があります。

「自己を愛しいものとするならば、自己をよく守れ」

つまり、「自分を愛するのであれば、自分にとって不利益なことから自分を守りなさい」という教えです。人間はみんな、自分のことが一番大事。これは決してナルシシズムでもわがままでもなく、命を守るための本能的な仕組みです。

不利益というのは、他人があなたに与えるものだと思うでしょうが、違います。一番危険なのは、あなた自身なのです。自分で自分に不利益を与えて、自分で自分を苦しめている。

不利益となっているのは、過去の仕打ちではなく、今の自分が抱えている恨みと怒りです。だからね、自分を守るには、長年抱えてきた恨みや怒りを、自分自身で何と

かしなければいけません。こんなことを言うと、

「あんなにひどい人を許せるはずがない。その罪は消えない！」

「なぜ被害者の自分が、加害者を許さなければならないのか？」

なんていう声が聞こえてきそうですね。つらいのは、わかります。でもね、恨んでも何一つ解決しません。


親も一人の人間ですから、そもそも完璧ではない。愚かな人間であったがゆえに、まともに育てる力も、償う力もないのです。

だからといって、あなたが今後もずっとその猛毒を心に抱いたまま、死ぬまで苦しみ続けるなんてつらすぎます。

許す必要はないんです。忘れる必要もない。

ただ、許せなかったことに「時効」を成立させなさい。それが自分を守るための、現実的で生産的な解決方法です。

もう怒りで苦しむのはやめにしましょう。

44

出家は今すぐ誰でもできる。

2019/09/27　なぜ、同じ失敗を繰り返すのか？

うまくいった人のたどってきた道というのは、それぞれ違います。

でも、失敗する人のパターンはほぼ同じ。同じような習慣を持ち、同じようなことをして、同じような坂道を転げ落ちていきます。

家出を繰り返す少女がいます。親からの言葉の暴力や虐待、お金のトラブルが絶えず、なんとか逃れようと家出をして、寂しさや愛情への飢えから恋に落ちる。

しかしその相手もまた暴力をふるい、お金にルーズで彼女を困らせる人だったりします。逃れようと家出をしても、また似たような相手とつきあってしまう。珍しい話ではありません。

「同じ失敗を繰り返さない」と言うのは簡単ですが、パターンは強烈です。一度染み込んだら、変えるのはかなり難しい。

変わらないなら、捨てる。すべて捨てるしかありません。

仏教に出家という言葉がありますが、出家と家出はまったく違った意味合いを持ちます。「家出」とは、その家から逃れていくこと。

「出家」とは、自分の過去の体験、経験、知識、知らず知らずに身につけた習慣など今持っているものを、すべて捨てる覚悟を持つこと。これまでの自分を形づくってきた〝殻〟を破り、本当の自己に目覚めようとすることが出家です。


失敗する人のパターンがどこで身についたかというと、だいたい家庭です。

家族が持つ影響力はとても強く、親があなたにしてきたことは、理屈抜きに体の記憶として刻まれています。特にお金や性的な問題がある家庭に育った場合、心の傷は簡単に消えません。お金と性は人間の根源的な欲求だからです。

感動的な話を聞いたり、セラピーを受けて傷が癒えるようなレベルではない。

そう、これはパターンなんです。

親の影響で身についてしまったパターンは、間違いなくその人の責任ではない。しかし、親を責めても解決しません。親もまた一人の愚かな人間です。

その愚かな人間を超えていかなければ、永久にパターンから抜け出せません。

そろそろ、本気で出家をしてみませんか？

何も、頭を剃って僧侶になれと言っているわけではありません。

出家というのは、今まで知らず知らずのうちに身につけてきたパターンを脱ぎ捨てる覚悟を持つことです。

親を捨てて、超えなさい。子どもの自分を捨てなさい。

これは自由になることでもあります。仏教で「自由」とは、「自らに由《よ》ること」、つまり自分に頼るという意味です。自分に頼るからには、頼れる自分にならなければなりません。だから修行僧は、依《よ》るべき自分に変容するために修行するのです。

〝出家〟をして別の世界とかかわるようになると、必ずわかってきます。

この世の中にはこんなに信頼できて、想い合える人がいるということが。

あなたは新しい世界で生きていい。自由になっていい。

仕事を変えてもいいし、引っ越してもいい。何をしても大丈夫。

地球が住みにくかったら月に行けばいい。

月が住みにくかったら火星に行けばいいんです。

第六章
平常心が一番すごい

45

実況中継で
怒りは鎮まる。

2017/01/31 「怒り」のメカニズムとキレない技術

「短気な性格で困っています。怒りを消す方法はありませんか？」

そんな相談が寄せられたことがあります。

ちょっと待ってください。そもそも、怒りってそんなに悪いものでしょうか？

怒りによる暴言・暴力は人を傷つけますし自分も傷つきますから明らかに良くないこと。でも、怒ったあなたが全面的に悪いかといえば、そうじゃない。

道を歩いていて、突然、ボールが飛んできたら瞬間的に目をつぶったり、身を縮めたり、避けたりするでしょう？　怒りは、生きていくのに必要な防衛本能です。

誰かの言葉や振る舞いに反応し、身を守ろうと出てくるのが怒りです。

問題は、怒りを消そうとしていることにあります。

私たちはつい、「怒るな」と抑えつけようとしますが、それは防衛本能の暴走に対して火に油を注ぐようなもの。実はこれ、本当に怖いことなんです。

仏教には、覚《さと》りを開くための具体的な道筋が、詳細な方法論として示されています。

いわば「心の揺らぐことのない安穏《あんのん》」に向けての具体的なトレーニング。

怒りをコントロールするための仏教のトレーニングを「内観」と言います。坐禅や瞑想などによって自分の心の内側を見つめるというもので、最近では、医療やビジネスのケアにも現場レベルで応用されています。

ただ、内観にもたくさんの種類があるので、調べるほど混乱してしまうかもしれません。仏教が広まり受け継がれる中で、複雑化し混沌《こんとん》としているのも事実です。

それに、いきなり「瞑想して自分の内側を見なさい」と言われても、どうしたらいいかわからず、困ってしまう人もいるでしょう。

現代に生きる皆さんがわかりやすいように、工夫して要点を伝えていくことも、私たち僧侶の役割だと思っています。

では、大愚流の怒りを鎮《しず》める簡単な内観のやり方をお伝えしましょう。

まず、怒りは自然な反応だと理解すること。勝手に出てくるものなので、そもそも抑えられるものではないことを前提としてください。

ステップ一は、怒りに飲まれてしまう前に、できるだけ早く現場から離れること。

トイレでも、自分の部屋でもいいです。

ステップ二は、怒りを言葉にすること。「私は怒っている！　悔しい！」「あんなこと言われて、ムカつく！」などと、自分が今怒っていることを認めるんです。

ステップ三は、自分の体を観察すること。怒っているときに自分の体に起きてくる震え、筋肉に加わる力、緊張、心臓の鼓動、呼吸の荒さ。そのような自分の体に起きてくる反応を客観的に眺めます。観察したら、これも言葉にしていきましょう。

「歯を食いしばっている、肩に力が入っている、体が熱くなっている……」

自分の怒りを鎮めて、なだめていくのではありません。

ただありのままを眺め、自分の心身に起きていることを実況中継していくんです。

すると、何が起こるか。無意識を意識化することで、自分をもう一人の自分が客観的に見ているという状態をつくれるんです。このように、二人の対話が始まると、自動的に怒りが鎮まっていきます。

怒りを感じるたびに、内観をやってみてください。

ちょっとずつ、でも必ず、感情のコントロールが上達していきます。

46

怒ると負ける。

2018/04/20　真剣勝負に「怒り」ほど邪魔な感情はない。持つべきは「しなやかな強さ」。

先日、ある二〇代の男性から質問を受けました。

「世の中は理不尽なことだらけです。行列に横入りする老人に、上司のパワハラ、犯罪のような大きな問題もあります。大愚和尚はそういう悪にも腹を立てず、戦いもしないんですか？」

この質問の中には二つの重要な問いがあります。

一つは、私も怒りを覚えるかどうかという問い。

もう一つは、私が戦うかどうかという問いです。

最初の怒りについての質問には、私は「怒らないようにしています」と答えます。なぜなら怒りは無駄であるばかりか、邪魔な感情だからです。

仏教における三毒「貪《とん》・瞋《じん》・痴《ち》」は、この順番で心に現れます。

すなわち「欲しい」という貪欲がまず起こり、それが得られないと怒りが生まれます。得られなかったら、奪われたらどうしよう？」という恐怖と不安もまた、怒りとして現れる。その結果起こる感情が痴、愚かさや迷いです。

怒ってもどうにもならない。なのに、怒ってしまう。それが人間の弱さです。ネットを見ていると「もっと怒って声を上げろ！　立ち上がれ！　権力と戦え！」という元気の良い言葉が並んでいますが、そういう人はたぶん、本当に手強い相手と戦った経験がないんでしょう。

私は空手を通じて「戦いに勝つには冷静でなければならない」と学びました。実力が拮抗しているのに試合で負けてしまうときは、イライラしていたり、勝ちたい欲が強すぎて、冷静さと集中力を失っているのです。

怒るとアドレナリンが出て、筋肉に血流が集中し、脳の働きが低下します。取っ組み合いのケンカをするならいいのですが、戦略を立てて相手を論破するという二一世紀における戦いでは、判断力の低下につながって不利になります。

怒りは求めるものを遠ざけます。そして自分を害し、人をも傷つけてしまう。怒っても、一つもいいことがないのです。

だから私は怒らない工夫をしています。怒りそうな場面に出くわしたら、黙ってその場を離れる。列に横入りされたら「どうぞ」と譲ってしまう。可能な限り予約を入れておくなど、できるだけイライラする状況を避けるようにしています。

もちろん、戦うときは戦います。

勝負の明暗を分けるのは、普段からの絶え間ない知識、技術、経験の積み重ねです。そこには、冷静に怒りを抑えていく精神的な訓練も含まれます。

だからといって、すべての戦いに勝てるわけじゃない。大きな力を前にしたとき、凶悪な犯罪者に襲われたとき、いくら準備したって勝てないこともある。

それでも、理不尽なことに対して決して諦めることはありません。

力をつけ、周りの人を巻き込み、状況の改善に向けて努力しながら、虎視眈々《こしたんたん》とタイミングを狙っていく。それを理知的に、論理的にやっていく。

熱い思いを持ったまま、怒らないということは可能です。

本当に得たいものがあるなら、勝ちたい勝負があるのなら、知恵を求めなさい。

怒りは不要です。きれいさっぱり捨ててしまいましょう。

47

欲しがる気持ちを削ぎ落とせ。

2017/11/01　モテない人がやっている努力

私が大好きな禅の言葉に、「身心脱落《しんじんだつらく》」があります。

道元禅師は、宋代の中国に渡り如浄《にょじょう》という本物の師匠に巡り合います。あるときお師匠さんが、居眠りをしていた別のお坊さんを叱り「身心脱落」とおっしゃった。その言葉を聞いた瞬間、道元禅師は覚《さと》りに至ったと言われています。

身心脱落とは、文字通り身と心を脱落させてしまうこと。すべての執着を完全に捨て去った状態のことです。修行僧は覚りを開こうとして修行するわけですが、その思いが強いほど「覚り」という目的に執着してしまいます。がむしゃらな身も心も注ぎ込む努力が、「絶対に覚りたい」という強烈な欲望となってしまうのです。

その執着や欲望を捨ててこそ覚れる。道元禅師はそう気づかれたのです。

「絶対に成し遂げたい」という思いは、自分を駆り立てるエンジンになります。でも、その強い思いが、逆に目的達成の邪魔をするケースもある。それが特に顕著なのは、人間関係においてです。

人に好かれたい、みんなに評価されたいという気持ちは、誰にでもあります。

だから「モテるテクニック」「好かれる心理学」といったマニュアルが大量に出回っているんでしょうね。ビジネスの「営業がうまくいく!」「接客の達人になる!」「職場で評価される人になる!」といったノウハウも、根っこは同じです。

でも、そのノウハウを身につけたら本当にモテるようになるのでしょうか?

たぶん、そうじゃないから、マニュアルは変わらず人気なんだと思います。

なぜマニュアル通りにやってもモテないのかといえば、相手が人間だからです。

仮に高い木に成っているバナナを収穫するマニュアルがあったとします。木に登る、はしごを使う、網を使う、揺さぶる……など、マニュアルに書いてあるどんな方法でも、バナナにアプローチすれば確実に収穫できます。

しかし、モテるマニュアル通りに人にアプローチしても、そううまくいきません。「本気すぎて引く」「親切だけどウザい」と思われる可能性は大です。

そして、モテるマニュアルにまったく当てはまらない行動をする人が、すごくモテたりするから不思議です。

モテない人の敗因は、「モテたい」という思いが強すぎること。思いが強いと卑屈になったり、緊張したり、怖くなったり、鼻息が荒くなったり、必死すぎたり……、気持ちが絶えずアップダウンしています。

そんな情緒不安定な相手だと、安心してそばにいられないので、相手に敬遠される。なぜなら恋愛は女性にとって「子孫を残したい」という本能でもあるからです。

そしてこれは、営業やその他の人間関係にも当てはまるのです。

では、どうしたらいいでしょう？

恋愛であればまず「フラれるために」声をかけましょう。フラれるためなので、うまくいかなくても傷つきません。「嫌われるかもしれない」という恐怖がないので、緊張したり切羽詰まった態度になったりせずにすみます。

ビジネスでも人間関係でも「好かれない前提」でアプローチするのがコツです。

フラれるためにならなら、まるでモテる人のごとく、さり気なく声をかけられます。肩の力が抜けるから、良い結果が出るようになるのです。

48

ガッツポーズはするな。

2019/09/06　「誰かに勝たなければならない」という、思い込みを捨てなさい先日、私の元に寄せられた相談は、海外でバリバリ仕事をし、気づけば独身のまま子どもを持たずに四〇代を迎えた女性からのものでした。そこに後悔はないようですが、「別の選択肢もあったのではないか」と綴《つづ》られていました。

仕事一筋に生きてきた人も、家庭のことだけやってきた人も、人生の半ばで「これで本当に良かったのか？」と振り返ることがあります。特に、自分と違う道を歩んできた人が身近にいたりすると、ふと迷うことってありますよね。

人は、自分の持っていないものを望んで悩む生き物です。

ついつい、ＳＮＳなんかで人と比較して自分が勝っているか負けているかを意識してしまう……。全部持っている人なんて、いるわけがないのに。

私たちが常に誰かをライバルとし、競争してしまうのは、それが幼い頃からずっとやってきた方法だからなんです。

現代社会には競争原理が働いていますから、「他人に勝つ」という目標を掲げることによって、自分を鼓舞し、努力し、技術を磨いたり知識を蓄えたりします。

みんながその状態でチャレンジし、切磋琢磨すれば、みんな成長していく……こんなレールが敷かれているんです。

でもね、競争で頭一つ抜きん出て得られる安心や喜びは、長続きしません。たとえばあなたが営業職で、上半期のセールスが地域ナンバーワンだったとします。ところが、全国にはもっとすごい人がいますし、別の事業部にはもっとすごい成績の人がいるかもしれない。あるいは、下半期は誰か違う人がナンバーワンになるかもしれない。

仮に営業成績ナンバーワン記録を永遠に更新できたとしても、「いい企画を出す人のほうがすごい」と思ってしまったら、優越感も消え失せます。キリがないんです。

競争して、勝ち負けを決めることによって成長することを否定するつもりはありません。でも私は、競争は人生のごく一部だけでいいと思うのです。

僧侶の十戒の一つに「不自讃毀他戒《ふじさんきたかい》」というものがあります。その意味は、「自賛しない、毀他しない」ということ。

「自賛」は自画自賛という言葉でも知られるように、自慢やおごり高ぶった気持ちです。「毀他」は、他の人を蔑《さげす》むこと。この二つをしないことが、私たちが心穏やかに生きていくために守るべき教えです。

人と比べなければ、「自分のほうがすごい」と自慢することもありませんし、「私に比べたらこんな人は下だ」と他人を見下すこともありません。

武道の世界では、勝ったときにガッツポーズすることは許されません。

それはなぜか？

勝つべき最強の敵は、対戦相手ではない。自分の中にいる弱い自分なんです。

人と比べることに意味はありません。自分の中にいる弱い自分。弱い自分を克服することを目標にすれば、他人と争う世界から卒業できます。

そして、自分の目標が達成されているかを常に確認し続ける。

向き合うべきは、常に自分。

そこは競争とは無縁の、静かで充実した世界です。

49

ニュートラルな心に愛は育つ。

2018/12/07 「他人にやさしくできない自分」を好きになる方法

瞑想とは、自分の心の状態を整える手法です。

ちょっとイメージしてみてください。

右側に、喜ばしくて楽しい、プラス状態があります。

左側に、イライラして腹立たしい、マイナス状態があります。

どちらの状態も、心が沸き立ち、波立っています。

そのプラスとマイナスの間に、穏やかで落ち着いている状態、ニュートラルでフラットな心があります。

そこには大波はもちろんなく、ポツンと落ちた雨粒で広がっていく波紋もない。

私たちの心はこの三つの状態を、行ったり来たりしています。

喜びであれ、イライラであれ、心が揺れ動いていることを自覚し、ニュートラルな状態に整えていく。それが瞑想です。


「優しい人になりたい」

「でも、なれない。実際は、他人のことを虫けらのように感じてしまう」

「そんな自分が大嫌いだ」

こんな思いを抱えて、心が行ったり来たりして苦しんでいる方がいました。

この方の問題は、二つあります。

一つ目は、他人に優しくできないことを、悪いと思っていること。

もう一つは、優しくない自分から、無理に優しい自分になろうとしていること。


このジレンマから抜け出す第一歩は、「マイナス感情に長く滞在している」と気づくことです。自分が嫌いだからといって、あなたの価値が低いわけではありません。

私も、あなたも、どんなに素晴らしい人間だと思われている人も、実際の価値はニュートラルです。ただ自分勝手に、自分や他人に価値の優劣をつけ、好き嫌いのレッテルを貼っているだけ。

なので、さまざまな思いが湧き上がってきたら、その思いを瞑想によって眺めていただきたいのです。

「他人を虫けらのように思ってしまう」「他の人に優しくなんかできない」「そうでき

ないのは、自分を愛してないからだって人は言う」「だけどそんなこと言ったたって、こんな自分を愛せますか？」「自分が好きになれないどころか、消えてしまえばいいと思ってる」「でも本当は人に優しくできる人になりたい」「イライラしないで過ごせる自分でいたい」「でも他人を尊敬することなんかできない」……こんな風に自分の心のつぶやきを、口に出して繰り返していくんです。

そこに善悪や好き嫌いなど一切の評価を挟まずに、ただただ自分の心のつぶやきを観察していく。

すると次第に、あっち行ったりこっち行ったりして揺れ動いている自分の心を、あたかも他人の心のように冷静に眺められるようになるのです。これがニュートラルにいる状態です。

興味深いことに、嬉しいときでも、イライラしているときでも、自分の今の心の状態に気づくと、その瞬間に心がヒュッと真ん中のニュートラルに戻るのです。

この訓練を根気よく続けると、結果的にマイナスへの滞在時間が減っていきます。

では、真ん中のニュートラルに戻る方法がわかったところで、次のステップに進みましょう。

「他人に優しくできる人になりたい」

「自分もニコニコ笑っていられる人でいたい」

その思いは、心の中にある小さなともしびです。ぜひ大事に育ててください。

しかし、そう願うだけでは不十分。毎日、意識して水をやり、雑草を抜き、十分に太陽の光を当てて、栄養分をあげて初めて育つものです。

仏教では他人に対する思いやりの育て方と、いつもニコニコした自分でいるための秘訣を具体的に伝えています。

それが「慈悲喜捨《じひきしゃ》」の瞑想です。

慈悲喜捨の「慈」とは、どんな人でも自分の友達と思って接するということ。

「友達だと思える・思えない」ではなく、「友達だ」と決めるのです。

「他人なんて虫けらだ」と思うかもしれませんが、かのファーブルから見れば昆虫は大親友。犬や猫だけでなく豚も馬もヤギも、親しい人もそうでない人も、みんな友達と考えるんです。全員が友達だと思えば、嫌われたくないし、いい関係をつくるような言葉がけや振る舞いをしますよね。

「悲」とは、友達が悲しんでいるとき、自分ごとのように一緒に悲しんであげること。

「喜」とは、友達が喜んでいるとき、自分ごとのように一緒に喜んであげること。

最後の「捨」は何かといえば、慈、悲、喜を実践しようと頑張るあまり、余計なおせっかいや詮索《せんさく》をしてしまわないこと。

この慈悲喜捨の実践は、一見簡単なようで容易ではありません。意識して練習しないと、なかなか身につけることはできません。

なぜなら、自分の心がプラス感情のときは他人のマイナス感情に寄り添えず、自分の心がマイナス感情のときは他人のプラス感情に寄り添えないからです。

心がニュートラルなら、どちらにでも行けます。

慈悲喜捨の瞑想は、自分も他人も卑下することなく、また好き嫌うこともない、ニュートラルで柔軟な心を養うための練習なのです。

どうぞあなたの中にも、慈悲喜捨心を大切に育ててみてください。

50

心の免疫力を上げる。

2020/03/05　コロナウィルスの影に忍び寄る新たな感染症の恐怖

二〇二〇年は新型コロナウイルスの蔓延《まんえん》という非常に大きな出来事があり、この原稿を書いている最中もまだ収束に至っていません。

春には会社や学校が休みになり、株価は大暴落しました。商業施設、飲食店、人々の生活にもさまざまな制限が出ましたね。

「こういうとき、修行を積んだお坊さんはどうするんですか？」と、たくさんの方々に聞かれました。覚《さと》っているから、動じないし恐れないと思われているようです。

「確かにその通り」と言いたいところですが、いいえ、そんなことはありません。

私だって未知の感染症は怖い。でも、やみくもに恐れているわけではありません。かといって「恐れるに足らず」と豪語しているわけでもないんです。

「正しく恐れよ」ということが感染症対策の専門家の間で言われていましたが、仏教のお坊さんとしての私の答えもまさに同じ。これに尽きます。

例えるなら、自動車の運転のようなものです。車にはブレーキとアクセルがついていて、「危ない、怖い」と恐れてブレーキばかり踏んでいたらどこにも行けません。

「このくらい平気だ」とアクセル全開でも危険です。恐怖を感じることも必要だし、必要以上に恐怖に振り回されないことも大事なんですね。

どのように感染症を防ぐかの具体策については、手洗い、うがいのほか、それぞれに情報収集していただくしかありません。

私がお伝えしたいのは、新型コロナウイルスと同時に蔓延している、もう一つの目に見えない感染症の存在です。

そう、心の感染症です。その正体は「貪《とん》・瞋《じん》・痴《ち》」という三毒ウイルスです。

われ先にとマスクやトイレットペーパーを買い占め、「他の人のことはどうでもいい」という態度は、「貪欲毒」。

そして物資を買うために並んでいるとき、順番をめぐってケンカになったり、「マスクをしていない」と電車の誰かに殴りかかるのは「瞋毒」、つまり怒りです。

最後に、間違った情報や根拠のない治療法、噂に振り回され、必要以上に不安になってしまうのは、愚かさの「痴毒」です。

「貪・瞋・痴」という三つの毒を防ぐためにも、対策が必要です。

世の中は不安にあふれています。だからこそ、バランスをとらなければならない。あえて、ポジティブな思考を持つ必要があります。

歴史を振り返ってみれば、人類は過去にもさまざまな感染症の脅威にさらされ、それらを乗り越えてきました。これは気休めではなく、事実です。

「世界中で優秀な人たちが戦ってくれてるから大丈夫」と、信じてみませんか？

その上で、私たち一人一人で明るい言葉をかけ合っていきましょう。冗談を言ったり、明るい話題を出したり、誰でもできますよね？

自分一人の影響力なんて、大したことないと思っているかもしれませんが、それは思い違いです。世界はつながっており、私たち一人一人の集まりでできています。

あなたも、この危機を乗り越えるための大事な役割を担っているのです。

気持ちが元気になれば、免疫力もアップします。

まずはあなたが明るくあること。そして周りの人に、どんどんよき言葉をかけてください。それも立派な感染症対策なのです。

51

摘む花は一本だけ。

2019/03/22　他人の妻を好きになったのなら、態度をはっきりさせなさい男女の関係というのは、なかなか理屈通りにいきません。

結婚していたら、浮気や不倫は許されることではありませんが、二人の関係にすれ違いや溝があれば、ふと心が動いてしまうこともあるでしょう。

「体の関係は持っていない。でも、その人が好きです」

最近よく聞くのが、こういうお悩みです。お互い結婚しているのに同僚と気持ちが通じてしまった。あるいはSNSなどで異性と意気投合してしまった。

どこまでが「友達としてセーフ」で、どこからが浮気・不倫かと考えるとき、肉体関係のあるなしを線引きにする人がいますが、私は違うと思っています。

気持ちが生まれ、通じ合った時点でもう、浮気なんです。

たとえ肉体関係がなく、たまに会って話をするだけだったとしても、お互いの心の内には恋愛感情がある。どちらかが結婚していたら周りに隠しますよね？　それは外から見えない培養器の中に、恋愛感情をそっと入れたのと同じです。

温室みたいに安全で生育に最適な環境に入れれば、恋愛感情は芽を出し、枝を伸ばし、浮気へとすくすく育つのは当たり前です。

ダンマパダ（法句経）の中に、「他人の妻に近づく者は四つのことを得る」という教えがあります。功徳なきこと、安眠なきこと、非難、地獄の四つです。

一つ目の「功徳なきこと」は、文字通りの意味。浮気は人の道を外れているので、功徳、つまり良い行いを積み重ねていくことはできません。

二つ目の「安眠なきこと」は、自分の心が落ち着かなくなるということ。相手の家族のことを考えたり、周りにバレないようにコソコソしたり、嫉妬したりと、心がいつもどこかで不安です。夜もおちおち寝ていられません。

三つ目の「非難」は、もちろん人に知られたら非難、批判されるということ。

最後の四つ目の「地獄」は、現代社会でもよくありますね。浮気が知られたことで社会的制裁を受け、まるで生き地獄のような状態になるかもしれません。

大昔、インドは一夫多妻制でした。

ところが、古い経典を見ていると、第一夫人、第二夫人とのすさまじい争いなど、男女間の愛にまつわる憎悪の激しさ、醜《みにく》さ、そのえげつなさが、これでもかと描かれています。浮気がバレて体を切り刻まれ、みんなが見ている前でグツグツ煮えたぎるお湯に投げ込まれたなんて話すらあるほどです。

ダンマパダは決して「聖人君子になりなさい」という教えではありません。

人間はつい浮気をしてしまうものだが、それは決して良い結果を生まない。その事実をさんざん歴史の中で見てきた上で、「やめておきなさい」と警告しているのです。

男女の愛情のもつれほど、人間を狂わせることはありません。

確実に言えることは、恋愛感情が芽生えそうになったら、態度をはっきり表明すべきだということ。曖昧なままだと、勝手に恋心が育って手に負えなくなります。

その前にどうするか、自分で決めるんです。その人との関係を、人生の中でどう位置付けるのか。これは生き方のセンスが問われる決断だと思います。

「綺麗な花はたくさんある。綺麗だと思うのは仕方ない。でも、摘むのは一本だけにしておきなさい」

これは大山倍達《ますたつ》という伝説の空手家が残した言葉ですが、まさに名言です。

52

いつ何が起きても
いいように誠実に。

2019/08/30　誠実な人間であろうとし続けなさい

二〇一一年、東日本大震災が起きて間もない東北地方でのこと。私もボランティアとして現地に向かって炊き出しに参加し、カレーや豚汁を配っていました。

家族も住まいも失ってどん底にいる人たちに対して、誰もが接し方に迷います。明るく振る舞ったほうがいいのか、静かにしていたほうがいいのか、どんな言葉をかければいいのか、気をつかってしまうんですね。

ボランティアの人たちの中に、とびきり明るくて、エネルギッシュな男性がいました。冗談を言いながら感じよく被災者に接し、積極的に動いています。

「こんな状況で明るく皆を励ませるって、すごいな」と私は心を打たれました。さぞ日頃からボランティアに参加されて慣れていらっしゃるのだろうと、彼を知る人に聞くと、意外な答えが返ってきました。

「あの人は被災者ですよ。奥さんとお子さん三人が流され、家もなくしたんです」

その男性は震災当日、たまたま出張に出たために一人だけ助かったそうです。炊き出しの後、お話を聞かせていただきたいと申し出た私に、男性はこう語りました。

「和尚さんには正直に言いますが、勇気や希望が見出せたわけじゃない。じっとしていたら気が変になりそうなんです。だから、今できることをやってるだけです」
生きていれば予期せぬ不意打ちはつきものです。自分が「こうしたい」と思っても
そうならず、「こんなのは嫌だ」と思ってもそうなってしまう。
上に行くか下に行くか、右に行くか左に行くかわかりません。
「予想できないから、人生は面白い」とも言えますが、「予想できないから人生は怖い」
というのも本当です。暗闇の中を手探りで歩いていく不安は計り知れず、暗闇の中で
物の怪《もののけ》に出くわすことだってあります。
交通事故もその一つです。私は事故の加害者側、被害者側、両方のご葬儀を行った
経験がありますが、どちらも計り知れない苦しみです。命が助かっても加害者側は罪
を背負い、被害者側は痛みを抱え、それぞれ生きていかなければいけません。
震災、事故、病気……。予期せぬ災難は、必ずあります。「先の読めない人生を、
どう歩んでいけばいいのか？」という問いを、古今東西、人々は抱き続けてきました。
その答えとして、多くの宗教が「神に救いを求めよ」と教える中、仏教は全く違う

答えを提示しました。

それが「七仏通戒偈《しちぶつつうかいげ》」です。七仏とは、お釈迦様と、それ以前に存在していた六人のブッダ（覚《さと》りに至った人）を合わせた七仏のこと。通戒偈とは、その七人の教えに共通するエッセンスのことです。

そのエッセンスとは「諸悪莫作《しょあくまくさ》」「衆善奉行《しゅぜんぶぎょう》」「自浄其意《じじょうごい》」の三つ。

それぞれの意味は、「諸々の悪いことをやめ」「諸々の良いことをなし」「心を清らかに保つ」ということ。つまりこの偈文は、「いつでもどんなときでも誠実な人間であれ」ということを教えてくれているんですね。

人生は、何が起きるかわからない。だから「こういう備えをすれば安全だ」という完璧な保険なんかありません。

でもね、被害者であれ加害者であれ、非常事態においてその人がとる行動は、それが起きる前の人生をどう歩んで来たかで決まるんです。

なんでもない普通の毎日を、誠実に強く生きていくこと。

それこそ、この不確実な世の中に必要な「備え」なんだと思います。

53

お金より大切な資産がある。

2020/03/21　FX・為替で大損失を出してしまいました。以来、全てが不安で仕方ありません。

私は福厳寺という寺に生まれ、幼い頃から師匠である父に言われてきました。

「お寺はおまえの家ではない。ここは仮住まいでしかない。私が死んだらおまえたちは出ていかなければいけないのだから、家に頼るな。親にも頼るな」

幼い私はそれが怖くてたまらず、母にこう訴えたものです。

「小さくてもいいから、家を買って住もうよ」

今思えば、家があったら安心だと思っていたのです。

ごくごく当たり前の感覚です。人は安定を求めて家を買い、安定を求めて資産をつくろうとします。しかし、それらは本当に安定をもたらすでしょうか。

地震が起きたら、家は倒壊してしまうかもしれません。経済危機が訪れたら、貨幣価値は変わります。給料が減るどころか、会社自体が消えてしまうかもしれません。

諸行無常という言葉が示すとおり、すべては変わりゆくもの。世の中というのは過去現在未来、常に不安定なんです。

お金がある、いい家を持っている、高級車がある、それは確かに形ある資産と言えるものですが、有形のものだけに頼るのは愚かです。

なぜなら、形あるものはすべて壊れ、消えてしまうからです。

お釈迦様の死期が近づいたとき、お弟子さんが聞きました。「もしお釈迦様が亡くなられたら、その後、私たちは何を頼りに生きていけばいいでしょうか？」

するとお釈迦様は、「自灯明《じとうみょう》と法灯明《ほうとうみょう》を大切にして生きなさい」と答えました。

自灯明というのは、自分自身を頼りにすること。つまり拠り所になれるような自分になりなさいという教えです。

法灯明というのは、お釈迦様の教えを指します。お釈迦様自身ではなく、お釈迦様が教えたこと、つまり仏教を拠り所としなさいという教えです。

最期に、お釈迦さまはメッセージを放たれました。
さあ、修行者たちよ。お前たちに告げよう、『もろもろの事象は過ぎ去るものである。怠ることなく修行を完成なさい』と。（中村元訳『ブッダ最後の旅』）
私が開いた佛心宗《ぶっしんしゅう》では、この遺言にある「修行」を次のように示しました。

「慈悲心」「知恵」「仏性」この三つの種を、怠ることなく育み、大愚に一隅を照らしましょう。

慈悲心とは、人の悲しみに寄り添い、人の喜びを助ける真の思いやりのこと。

知恵とは、妄執や偏見にとらわれず、世の現実をありのままとらえる力のこと。本当に大切なものを見極める目のこと。

仏性とは、世の中の人の役に立つために磨くべき、自分の感性や長所のこと。

この三つを磨き続けた人は、世の中がどう変わろうと、世界のどこへ行こうと、生きていくことができます。お釈迦様は何も持たずに家を出て、人々からお布施を受けて生きました。それは慈悲心と知恵を持ち、仏性を修行し続けてきたからなんです。

つまりお釈迦様は、無限大の「無形の資産」を持っていらっしゃったのです。

だから家がなくなっても、お金がなくなっても、一切憂うことがないのです。

家も必要です。お金も必要です。

でも、最低限の「有形の資産」を築いたら、次は「無形の資産」を築きましょう。

天災に見舞われても、不況になっても、それはなくなることがないのですから。

第七章
私たちは生かされている

54

当たり前の今日に
ありがとう。

2017/06/07　日本人の感性が生み出した「ありがとう」の定義

大失恋したばかりの大学生から、相談を受けたことがあります。つきあっていたときは幸せで、毎日感謝の言葉にあふれていたのだそうです。でも別れる間際は、不平不満と自分の気持ちの押し付けばかり。

「どうしたら、当たり前の日常を大切にして、感謝できる人になれますか？」

確かに恋がうまくいっているときって、気持ちに余裕があるし、相手だけでなくいろんな人に優しくなり、当たり前のことにも感謝できます。恋が人を美しくするのはそのせいかもしれません。

問題は「一体どうしたら、幸せでないときも、当たり前のものに感謝を持ちつづけられるか？」ということ。

答えは単純で、「ありがとう」という言葉を、当たり前のものにかけ続けることです。

「なんだ、そんなことか」と思うかもしれませんが、ありがとうの定義を改めて考えてみましょう。

「ありがとう」という言葉は日本独自の文化から生まれてきた言葉です。google翻訳では、「ありがとう＝Thank you」。でも、「Thank you」と「ありがとう」は同じように見えて本質的に全く違う言葉なのです。

「あなたに感謝する」、これがThank youです。何かやっていただいたことに対して感謝を申し上げる。つまり相手がいます。

でも、「ありがとう」は存在論とも言うべき哲学なんですね。

「ありがとう」は漢字で「有難う」、有ることが難しいと書きます。どういう意味かといえば、たとえば書店さんに何万冊もある本の中で、私の本を手に取っていただいたという現象が有る、これはなかなか有り得ない奇跡なんです。

世界に七七億以上の人がいる中で、私が日本に生まれた偶然、それがお寺だった偶然、愛知県にある福厳寺という小さなお寺にいる私が、たまたまインターネットが発達した時代に生きている偶然。動画が無数にあふれているYouTube上で、たまたま私の動画に出会った編集者の方から出版のオファーをいただいた偶然。

すべてが滅多にない奇跡、つまり有難いことなんです。さらに言えば、今この本を読んで下さっているあなたが生まれてきたのも、あなたのお父さんとお母さんが出会った奇跡、それぞれのおじいちゃん、おばあちゃんが出会った奇跡、そのまた先のご先祖様の夫婦が出会った奇跡の結果なんですから。

こう考えると、花が咲いているのも、今日コンビニで牛乳を買えたのも、ありえないこと。これを昔の人は「有難う」という言葉で表現したんです。

すごいことだと思いませんか？

仏教では、この有り難い、けれども確実にすべてが関係しながら存在している現象を「縁起《えんぎ》」と呼びます。

命というものはすべてつながっていて、誰一人、何一つ、完全に周りとの関係を断ち切って存在するものはありません。食物連鎖しかり、経済しかりです。

たとえ何気ない日常でも、「今日」という日は奇跡のような無数の偶然の積み重ねなんです。たとえ毎日会っていても、実は奇跡のような偶然で巡り合っている。

その巡り合わせを考えたとき、心の底から「ありがとう」と言えるのです。

55

自他の区別を超えていけ。

2017/11/07　海のように懐の深い女性になりたいのなら

「社会貢献したい」という若者が増えています。

一所懸命に努力をして、何か目標をクリアしていったその先に、「私が世の中を変えていく」「私が大きなことをする」という欲求が湧いてくる。

それは自然なことですし、そういう志を持つことは素晴らしいと思います。

でもそれって、「私」が何かを成し遂げたいからではありませんか？

目標をクリアするたびに、「私」という自我はどんどん強化されていきます。

その「自我」が、社会貢献という大義名分を持った自己実現にすり替わってしまっているかもしれません。

だからもし本当に社会貢献や世の中のためになる生き方をしたいなら、「私」を弱めて、境界線のない「命」を生きているという感覚を育ててほしいのです。

さて、自我とは何か。境界線とは何か。

生まれたばかりの赤ちゃんは、親が誰かも知りません。母親の性別も名前も知らない。でもやがて、「これがママ、この人がパパ」と覚え、自分の名前を覚えます。

家庭においては、自分が子どもという立場だと知ります「男の子、女の子」という区別も知り、幼稚園や小学校で「面白い子、かけっこが速い子」などと出会うことで「あっ、自分は歌が得意な子だ」と知ります。

自我の確立とは、壮大な宇宙から「一つの命」を取り出して、それに「私」というラベルを貼り、特別な存在として他と切り離していく作業のことです。

その特別な「私」に愛する人ができ、子どもができ、特別な私に紐《ひも》づいてできた家族という名の特別なグループがつくられます。愛する人ができることで、人は初めて自分以外の存在を大切に思うようになるのです。

一方で、この境界線が「自分と自分の大切な仲間以外はどうなってもいい」という冷酷さも生んでしまいます。

子どもから同級生がインフルエンザにかかったことを聞くと「あら○○ちゃん、かわいそうねえ」と言いながら、内心「うちの子じゃなくてよかった」と思う。

ご主人から会社の同僚がコロナウイルスに感染したと聞けば、「よかった、うちの人じゃなくて」と思う。イランでガス爆発が起きて、大勢の人が亡くなったと聞けば、

「よかった日本じゃなくて」と思う。

その延長にあるのが、戦争や差別といった悲しい現実です。

だからもし私たちが本気で社会を良くしたいと思うなら、本気で戦争をなくしたいと願うなら、「自分」と「他人」という区別を取っ払わなければならない。

「私」という認識を弱めていかなければならない。

自分か他人か、家族か他人か、日本人か外国人かなんて、関係ない。その命が喜ぶところを喜び、悲しむところは悲しむ。それが「命」を生きるということなんです。


社会貢献がしたいと言う人は、おそらく自分が評価されたいと思っています。

それでも口先ではなく、行動に移すのなら立派です。

マザーテレサは「世界の平和を実現するためにはどうしたらいいですか？」という質問に、「家に帰ってまず家族を愛しなさい」と答えています。

志があるなら、「私」を生きるのをやめなさい。

身近で小さなことから愛を向けること。それが社会貢献の第一歩なんです。

56

命のバトンを受け取れ。

2014/08/04　なぜ成功者はお墓参りを大切にするのか

私が初めて法事に連れていかれたのが五歳。以降、もうかれこれ四〇年以上、通夜・葬儀など、法要を通してたくさんの家とかかわってきました。

子どもの頃は法要に行くのが嫌でした。しかし大人になってからは、さまざまな家や人とかかわりの中で、非常に深い勉強をさせていただいていると感謝しています。お坊さんとは、実に興味深い仕事です。「家のあり様」を代々にわたって観ることができるからです。どん底に突き落とされても、なんとか家族が力を合わせてはい上がってこられる家と、荒波に飲まれて没落してしまう家がある。

この差は一体なんだろう。この違いは一体どこから来るのだろう。

家の栄枯盛衰を見ていると、理屈を超えて、何か不思議な力が働いている感覚を覚えたものです。

そんな私の疑問に、「やはりそうだったか！」と気づきを与えてくれたのは、一冊の本でした。

『家系の科学』（与那嶺政勝著・コスモトゥーワン）。そこには、戦争や地震や大飢饉など、日本全土が危機に襲われたとき、どこの家も人が死んでいくパターンがあると書かれていました。

昔は大家族で、三世代が一緒に暮らしていました。大飢饉などのとき、その中で真っ先に亡くなるのはお嫁さんなんです。舅《しゅうと》、姑《しゅうとめ》に気を遣い、子育てをしながら畑を耕し、家事も全部やります。大飢饉で食べ物がなければ、自分は我慢して家族に食べさせ、だから弱って死んでしまうんです。

次に、体力がないお年寄りのおじいちゃんおばあちゃんが亡くなる。働き手であるお父さんは頑張って子どもたちに食べさせますが、ついには力尽きて死ぬんです。そして最後に残ったのが子どもたち。

お寺というのは江戸時代に幕府の戸籍管理の一端を担わされていました。今でも、過去帳と呼ばれる檀家さんの家族関係や死亡年月日を記した記録があります。福厳寺にも過去帳がありますから、引っ張り出してみたんです。

そうするともう、涙が止まらなくなりました。

会ったこともない遠い遠いご先祖様だけど、その人たちが自分の命を犠牲にして、子どもたちに命をつないでくれたから今の自分がいる。そう実感できたんです。自然と「ありがとうございます」と感謝の気持ちが湧いてきました。「先祖に守られている」と強く実感しました。

と同時に、人生の荒波を越えていく家の共通点がハッキリと見えたのです。

それは、どんなことがあっても「法事、お墓参りなどの先祖供養に努めている」ということ。

「今私たちがあるのはご先祖のおかげ」と思える感性があるのでしょう。だから面倒くさがる若い衆を引き連れて、お墓参りも欠かさないんです。

冠婚葬祭を通じて、バラバラだった家族が結びつく。ご先祖様のお墓の前では、親子の立場や会社での地位などを離れて、みんなが一人の子孫として手を合わせ、頭を下げて、感謝の心を尽くす。

その機会と体験を、何があっても一年のどこかで全員が共有する。その慣習こそが知らず知らずのうちに、家の底力になっているんです。

57

親の老いは最後のレッスン。

2018/07/10 「老い」を受け入れたとき、人は命の「真理」に近づく人生を謳歌《おうか》しているとき、「さあやるぞ！」というとき、突然やってくるのが親の老いです。優しく朗らかだった母、若々しく尊敬できた父が衰え、病気になり物忘れをするようになる。目を背けようと背けまいと、誰だって歳を取るんです。

故人がお年寄りの場合、介護を経て亡くなられたケースも珍しくありません。

先日亡くなったのも、寝たきりだったおじいちゃん。喪主は息子さんのお嫁さんでした。彼女は夫に先立たれて、女手一つで二人のお子さんを育て上げました。朝は新聞配達、昼はパートをしながら子育てをし、認知症の義父の介護をしていたんです。子どもたちが育って家を離れた後は、やはり負担はお嫁さんにのしかかります。

意思疎通も怪しいのに、義父は気にくわないことがあるとお嫁さんに当たったそうです。最初はお茶碗をひっくり返すくらいでしたが、エスカレートして自分の汚物をベッドや床に塗りたくるように。彼女は寝る時間を削って働き、それでも生活は苦しく、心身ともにクタクタだったんでしょうね。そして帰宅すれば家中がトイレ状態。

「気がついたら私、お義父さんの上に馬乗りになって、首を絞めていました。そのときにお義父さんが私の顔を見て涙を流しながら『殺してくれ』って言ったんです」

認知症が相当進んでいるはずの義父が、彼もつらかったのでしょう、真顔で殺してくれと言った。お嫁さんは我に返って手を離し、その後ずっと震えていたそうです。義父の最期を看取って、お葬式を終えたお嫁さんの顔は実に穏やかでした。「私の人生はなんだったんでしょうね。お嫁に来てからずっと、子育てと介護でした」と言う微笑みは仏様のよう。

私はただ手を合わせ、涙を流すことしかできませんでした。

また別の男性は、実のお母さんを介護の末に亡くしました。体は元気なのに認知症が進み、タクシーに無賃乗車して遠い街に行ってしまったり、銀行の暗証番号を間違えて口座にロックがかかってしまったり、階段から転げ落ちて大けがをしたり……。「母は若い頃から苦労ばかりした人でした。認知症は確かに大変で、最後は息子の私すらわからなくなっていましたが、過去の一切の苦しみを忘れて死ねたのは、本人にとって救いなのかもしれません」

その男性の言葉にも、深くうなずくしかありませんでした。

お釈迦様の説かれた仏教の基本的な真理に「四苦《しく》」があります。生きる苦しみ、老いる苦しみ、病気の苦しみ、死の苦しみ。人はこの四つの「苦」を宿命として持っていて、誰も避けることができません。

これをまず、真理として認識しなさいというのがお釈迦様の教えです。

認知症に限らず、親が老いて衰えていく姿は、この人生の逃れられない真理を身を持って子どもに教える「最後のレッスン」だと思うのです。

きれいだった人も、聡明だった人も、有能だった人も、歳を取ればしわだらけになり、体も頭も動きが鈍り、口元はだらしなくなります。自分で排泄すらできなくなる。時には人に迷惑をかけ、どんどん赤ちゃんのような状態に戻っていきます。

これは親が最後に見せてくれる、命のレッスン。目を背けちゃいけません。その道は、いずれ自分も必ず通る道です。老いと死は必ず訪れます。

そこから目を背けずに、強く生きていくためにも、親の「最後のレッスン」からしっかりと学び取りたいものです。

58

死は優しい。

2018/01/23　愛する人の死に直面した時、何を考え、どう行動するか私に悩みを打ち明けてきたのは、中学生の女の子。お母さんが末期がんで、余命宣告を受けたと言います。お母さんご自身は死を覚悟し受け入れているけれど、この子は動揺しています。

家族に対して「死なないで」と願うことはわがままでしょうか？

大人だって、身近な人の死に直面したら取り乱します。お母さんはまだお若いのに、病気を受け入れ、覚悟を決めて死を受け入れようとしている。

こんなに強くて賢い人は、決して多くありません。七〇年、八〇年と長く生きた諸先輩であっても、死に直面すると動揺してジタバタするものなんです。病気と戦い、死に抗《あらが》い、何とか延命しようと今まで拝んだこともない仏様や神様に急に手を合わせてみたりして「助けてください」と懇願します。

でもね、生と死ってセットなんですよ。

命は人間の感情と全く無関係に、ただ、そこにあるもの。それがこの世の中のあり方なんです。好きだろうが嫌いだろうが、ゴキブリという命は存在する。生まれてきてもわずか数日で死んでしまう命もあれば、一〇〇歳を超えて元気な命もある。あなたがこの本を読んでいる今この瞬間にも、世界中でたくさんの命が生まれ、たくさんの命が死んでいる。私たちが想像もつかないようなはるか昔から、命はそうやって生まれて死ぬことを繰り返してきたんです。

すべての命は生まれた瞬間から、死につつある。生というのは生まれたときから常に死を含んでいて、死ぬことによって完了するのです。

それが厳然たる命の法則です。

仏教の言葉に「涅槃寂静《ねはんじゃくじょう》」というものがあります。生きるということはさまざまな苦しみが伴いますよね。お釈迦様が生きていらっしゃったのは二五〇〇年前のインドですから、今の日本よりもっと生きにくい世の中だったでしょう。

飢え、病気、悩みといった生きる苦しみが完全に消え去り、静かに落ち着いた穏やかな世界に入る……それが涅槃です。仏教で考える死の世界です。

涅槃寂静とは、心を集中し一切の執着を離れることによって、生きながらにして安らかな心の状態に至ることを言います。

死は旅に似ています。お坊さんが亡くなることを「遷化《せんげ》」と言いますが、この世で仏の教えを説く役割を終えたら場所を移し、あの世で仏の教えを説くという意味です。「死ぬ」というより、こちらの世界からあちらの世界に移るという言い方が自然かもしれません。

家族や大切な人が死んでしまうことは、誰だって悲しい。つらい。「どうか死なないでほしい」と願って当たり前です。でもね、永遠に死なない人っていないんですよ。

もしも本人が、心穏やかに死を受け入れる準備を整えているのなら、その平和な心に波風を立たせないで見送ってあげる。もしも本人が、「死にたくない」と苦しんでいるのなら、安らかに死を受け入れられるように、あらゆる手を尽くして協力してあげる。余計な心配をさせないというのが、愛する人の死を見送る作法です。

死とは、極めて自然なこと。悪いことでも、怖いことでもありません。大自然のもとへ帰り、やさしい懐に抱かれることなのです。

59

親の遺骨は必ず拾いなさい。

2019/05/17　親のお葬式は、子が親を超える人生儀礼

私は、親の弔《とむら》いは子の務めだと考えています。

ご家庭ごとにそれぞれ事情がありましょう。でもきちんと親の弔いをし、遺骨を拾うのは子どもの務めです。古臭いしきたりだとは思いません。逆に今の時代の人たち、これからの時代の人たちにこそ、声を大にして伝えたいんです。

一方で、子どもに迷惑をかけたくないからと、死んだ後のお葬式やお墓を自分で手配する親が増えている気がします。お葬式を行わないようにと遺言する人もいます。

子どもの負担になりたくないという親としての気持ちは、よくわかります。人を煩わせずに、死んだ後まで自分のことは自分でやろうとするのはある意味立派です。

でも私はね、子どもにとってそれが必ずしも良いことだとは思わないんです。

考えてみてください。成人した子どもがいる家庭で、親の誕生日に親が自分でケーキとプレゼントを買ってパーティーをしたところで、それは本当のお祝いでしょうか。それで子どもに感謝の気持ちが生まれたり、成長していくことはありません。

葬儀も同じです。親の自作自演では、子どもの自覚が促されないのです。

私はたくさんのご葬儀を通して、たくさんのご家庭を見てきました。

一つ気づいたことがあります。立派な親の子が必ずしも立派じゃないということ。それどころか逆なんです。何もかも親にやってもらった人、特に死生観が育っていない人は、五〇代六〇代であっても、どこか幼稚なんです。例外はもちろんありますが、どこか大人としての成熟に欠け、現実離れした甘さがあるように感じています。

元首相の田中角栄は「子どもは親の葬儀を立派にやって初めて一人前になれる」と言っていたそうですが、その通り。親を弔い、遺骨を拾うとは、子どもが親の存在を超えて大人になる、とてもとても大切な通過儀礼だと思うのです。

親子関係が悪いと「なぜあんな親を最後まで面倒見なきゃならないんだ」と思うかもしれません。その気持ちもわかりますが、だからこそなんです。

先日、七〇代の男性の葬儀をとり行いました。喪主は息子さんですが、この父と息子は長い間、音信不通でした。子どもたちが小さい頃、父親は他の女性と家を出てしまい、息子さんはお母さんと暮らしていたのですが、お母さんも子どもを置いて蒸発してしまいました。彼はまだ学生の頃、置き手紙一つで放り出されたんです。

その後、親戚や親切な人に助けられたりしてなんとか大人になり、やれることはなんでもして働き、今では家庭を持ってお子さんもいます。

ある日のこと、突然、遠い昔に自分を捨てて出て行った父親の死を知らされました。一人で亡くなっていたところを発見され、所持金はわずか数百円だったといいます。

息子さんは、ずっと忘れて生きてきたはずの、もういないことにしてきた父親の葬儀をなさいました。早くから親に頼れず、いろいろなご苦労があったでしょうけれども、親への恨みや甘えを、完全に超えていらっしゃるなと感じました。その男性はね、今でも時間があると、家族を連れてお墓参りをされています。

愛して、可愛がって、大切に育ててくれた親の遺骨を拾うことで、一人前の大人になることもあります。

そして自分を見捨てて、あるいは虐待して、酷い目に遭わせた親の遺骨を拾うことで、その親を超えた大きな人間になることもあります。

どちらも、子どもであるあなたが成長するためなんです。

だから、親の遺骨は必ず拾いなさい。

60

死を知れば、今を生きられる。

2018/11/16　お墓は生きている者にとって意味を持つ

私のいる福厳寺では、夜中に「ギャア！」というような断末魔が外から聞こえることがあります。何事かと外へ出てみると、鳥が狐に食べられていたりする。羽が飛び散って、もがき苦しんだ形跡はあるのですが、遺骸は見つかりません。私たちが、部屋でネットやテレビを見て喜んでいる。そのすぐ外には、死と隣り合わせの厳然たる弱肉強食の世界が存在しています。

手負いになった動物は他の動物に食べられて、最後は微生物に分解されて土に還っていきます。人間も、さすがに食べられることはありませんが、自然の循環の中に取り込まれていて、いつか必ず死ぬという意味では例外ではありません。

にもかかわらず、私たちはあたかも死が訪れないような態度で生きている。理屈ではわかっています、いつか死ぬことを。ところが感情がついてこないんです。死はできるだけ来てほしくない、遠くにあるべきもの。そして絶対自分にだけは訪れないもの。自分だけは病気にならないし、老いないし、死なないと思っている。

死が初めて身近に感じられるのは、自分の愛する人が亡くなったときです。

最初は現実を受け止めきれず、どこか他人事のような不思議な感覚に襲われます。

けれども一度その現実を受け入れると、今度は強烈な喪失感やショックを受けます。

「なぜ?」と死を呪い、死を恐れ、この先どうしたらいいのかわからず、不安でいっぱいになります。そして一連の儀礼法要に立ち会ううちに、自分もまたいつか死ぬかもしれないという命の有限性に気づき始めるのです。

仏教に、「死を明らめる」という言葉があります。

自分が死ぬ存在であるということを明らかにして生きなさいという教えです。

私たちはつい、死という自然現象を忌《い》み嫌い、覆い隠すように生きています。

しかし、死が問題なのではありません。

生が問題なんです。自分には永遠に死が訪れないと勘違いして、余裕をかまして生きてしまう。その日その日を一所懸命生きるということがおろそかになってしまう。

もしくは、いずれは死んでいくのに、今死んでしまいたいと考えたりするのです。

私たちはいつ死ぬかわからない、不安定な生を生きている。でもいつか必ず死ぬ。

そのように死を自覚して初めて、今をどう生きるかという問いが投げかけられる。だからできるだけ早く、死を明らかにしなさい。それが仏教なんです。


お墓も、私たちが死を正しく理解するために存在しています。

家族や知人、友人のお墓参りを通じて、死を少しずつ身近なものにしていく。死者とのつながりを再確認し、生死の現実を学び、明日からどう生きるのかを問う。

こうして、自動的に命について学習していくシステムがお墓参りです。

私もご先祖様のお墓参りをしていますと、非常に勇気づけられるんですね。

お父さん、そのまたお父さん、そのお母さん……と命が綿々と受け継がれてきて、彼ら彼女らが一所懸命生きてきたからこそ、今自分に至っている。

「俺はここで怠けていいんだろうか？」

「死にたいと思ったけど、どうせいつか死ぬし、もう一回頑張ってみようか！」

そんな思いにさせていただいたことが、何度もあります。

悩んだとき、つらいときには、お墓参りに行ってみてはいかがでしょうか。

61

万策尽きたら般若心経を唱えなさい。

2017/05/26 「病気とどう向き合うか?」自分の証を残す生き方

病気、仕事、人間関係……、突然の災難に、心が折れそうになることがあります。思い通りにならないことは、苦しい。誰だって嫌なものです。

ある四〇代の女性は、原因不明の不調に苦しんでいました。お医者さんにかかっても、それが精神的なものなのか、未知の病なのかもはっきりしなかったそうです。「家族に対して申し訳ない」「もう死んでしまいたい」と、私に苦しみを打ち明けてくれました。

物事には必ず原因があり、それが結果として現れます。これを仏教では「因果《いんが》」と呼びます。結果が望ましくないとすれば、当然、原因を究明しなければなりません。

病気なら、まずは病院に行って原因を究明することが大事です。

仕事や人間関係でも、人の話を聞いたり情報を調べたりして、問題点を絞り込んでいくべきというのは、言うまでもありません。

しかし、彼女のように、その原因も解決策もまったくわからなかったら？

私の尊敬する良寛《りょうかん》さんというお坊さんの言葉に、次のようなものがあります。

災難に遭《あ》う時節には災難に遭うがよく候《そうろう》。死ぬる時節には死ぬがよく候。これはこれ災難をのがるる妙法《みょうほう》にて候。

「災難に遭うときは災難に遭い、死ぬときには死ぬしかない。どんなに手を尽くしてもそれは変えられない。だからそれを受け入れて生きるしかない」という意味です。

この言葉は、地震で子どもを亡くした親友の山田杜皐《とこう》という俳人に良寛和尚が送った見舞い手紙の一文です。大地震で被災し、子どもを亡くした人に、良寛さんは「この現実を受け入れなさい」とおっしゃった。

つまり、戦うことをやめなさい、ということです。

私たちがよくやってしまうのは、自分を責めて災難や苦しみと戦うこと。どんなタフな人でも、戦い続けたら疲弊します。

状況を打破する糸口が見つかる可能性だってあるのに、必要以上に恐れ、嘆き悲しみ続ければ、消耗して免疫力を大きく低下させてしまいます。

どうしてもつらいなら、般若心経を唱えてください。

一番短くて、宗派を問わないお経です。声に出して唱えてもいい、写経してもいい。本屋さんに行くと、写経キットも売っています。

お釈迦様は尋常ではない修行と集中力によって一切の執着を離れ「覚者《かくしゃ》」となられた方ですが、残念ながら世の中そんなに強い人ばかりではありません。

般若心経は、「もうダメだ」というとき、お釈迦様の後の世の人々がすがる思いで唱えてきたお経です。その深い知恵によって執着を離れ、悩みや苦しみから解放されると信じられています。

子どもの頃、もうどうしようもないとき、お父さんやお母さんに泣きついたでしょう？　大人だって、そういうときがあっていい。

元気なときは努力しなさい。

だけど自分がどうしようもなく弱ったときは何かにすがってもいいんです。

般若心経を写経したら、福厳寺にお送りください。

私がご本尊様にご報告申し上げ、あなたが心を込めて写経なさった般若心経を唱えさせていただきます。

付録　般若心経

摩《ま》訶《か》般《はん》若《にゃ》波《は》羅《ら》蜜《みっ》多《た》心《しん》経《ぎょう》

観《かん》自《じ》在《ざい》菩《ぼ》薩《さつ》　行《ぎょう》深《じん》般《はん》若《にゃ》波《は》羅《ら》蜜《みっ》多《た》時《じ》　照《しょう》見《けん》五《ご》蘊《うん》皆《かい》空《くう》　度《ど》一《いっ》切《さい》苦《く》
厄《やく》　舎《しゃ》利《り》子《し》　色《しき》不《ふ》異《い》空《くう》　空《くう》不《ふ》異《い》色《しき》　色《しき》即《そく》是《ぜ》空《くう》　空《くう》即《そく》是《ぜ》色《しき》　受《じゅ》
想《そう》行《ぎょう》識《しき》亦《やく》復《ぶ》如《にょ》是《ぜ》　舎《しゃ》利《り》子《し》　是《ぜ》諸《しょ》法《ほう》空《くう》相《そう》　不《ふ》生《しょう》不《ふ》滅《めつ》　不《ふ》垢《く》不《ふ》浄《じょう》
不《ふ》増《ぞう》不《ふ》減《げん》　是《ぜ》故《こ》空《くう》中《ちゅう》　無《む》色《しき》　無《む》受《じゅ》想《そう》行《ぎょう》識《しき》　無《む》眼《げん》耳《に》鼻《び》舌《ぜっ》身《しん》意《い》
無《む》色《しき》声《しょう》香《こう》味《み》触《そく》法《ほう》　無《む》眼《げん》界《かい》　乃《ない》至《し》無《む》意《い》識《しき》界《かい》　無《む》無《む》明《みょう》　亦《やく》無《む》無《む》明《みょう》
尽《じん》　乃《ない》至《し》無《む》老《ろう》死《し》　亦《やく》無《む》老《ろう》死《し》尽《じん》　無《む》苦《く》集《しゅう》滅《めつ》道《どう》　無《む》智《ち》亦《やく》無《む》得《とく》　以《い》

無所得故《むしょとくこ》　菩提薩埵《ぼだいさった》　依般若波羅蜜多故《えはんにゃはらみったこ》　心無罣礙《しんむけいげ》　無罣礙《むけいげ》
故《こ》　無有恐怖《むうくふ》　遠離一切顛倒夢想《おんりいっさいてんどうむそう》　究竟涅槃《くきょうねはん》　三世諸仏《さんぜしょぶつ》　依《え》
般若波羅蜜多故《はんにゃはらみったこ》　得阿耨多羅三藐三菩提《とくあのくたらさんみゃくさんぼだい》　故知般若波羅蜜多《こちはんにゃはらみった》
是大神呪《ぜだいじんしゅ》　是大明呪《ぜだいみょうしゅ》　是無上呪《ぜむじょうしゅ》　是無等等呪《ぜむとうどうしゅ》　能除一切苦《のうじょいっさいく》
真実不虚《しんじつふこ》　故説般若波羅蜜多呪《こせつはんにゃはらみったしゅ》　即説呪曰《そくせつしゅわつ》
羯諦羯諦《ぎゃていぎゃてい》　波羅羯諦《はらぎゃてい》　波羅僧羯諦《はらそうぎゃてい》　菩提薩婆訶《ぼじそわか》
般若心経《はんにゃしんぎょう》

おわりに

先日の一問一答の収録中、セミの鳴き声がものすごく大きかったんです。音声に入ってしまうので、無視するわけにもいきません。
私はスタッフに促されて、セミの話をしました。

セミがどれくらい生きるかご存知ですか？
そう、一週間です。非常に短命ですよね。
では、セミがなぜ鳴くのか。メスを呼んでいるんですね。

だから私にはそれが、「ラブソングを歌っている」ように聞こえる。
あのうるさいセミがですよ。一所懸命に愛を叫んでるんです。

テレビで恋や愛を歌っている人気アーティストと変わりありません。

実はセミは七年間、地下で生きています。

幼虫の時代、七年間下積みをしているんです。そして、ついに出てきてデビューする。わずか一週間、命の限りラブソングを歌って死んでいく。

セミが外で一週間しか生きられないことは、人間からすると悲しいですよね。

だけどセミは一週間、わずか一週間だけど命の限りラブソングを歌って死んでいくんです。

何十年も「どうせ私なんか……」なんて卑下しながら生きてきた人間よりも、セミたちの生き様のほうがよっぽど潔いですよね。

あなたは、あんなに一所懸命ラブソングを歌ったことがありますか？

誰かの講話を一時間聞くより、セミのおしっこにまみれながらセミたちの合唱の下にいたほうが、私にとってはすごい学びになります。
一所懸命生きるってどういうことなのか、教えてくれているんです。
うるさいと思っていた鳴き声が、心に迫ってきませんか？
セミという生き物が、まったく違って見えませんか？

そして、大事なことを言いますね。
このことを知って、ほんの少しですが、生きやすくなったと思いませんか？

ものの見方が変わると、嫌だと思っていたことが、さほど嫌でなくなってきます。
当たり前だと思っていたものに、新しい意味を見つけられるようになります。
すると、執着から解放されて、心がラクになっていくんです。
うまくいくやり方が、自然と見つかっていくんです。
つらいと思っていた努力も、それほど苦ではなくなっていくんです。
実はこれが、苦しみを手放したり、悩みを解決するということなんです。

YouTubeの一問一答、そしてこの本では、そのヒントをお伝えしてきました。

一問一答の収録に臨むとき、私は相談者さんになりきります。
相談者さんと同じ痛みや苦しみを感じながら、その人に寄り添いたいと思うんです。
すると、最後には相談者さんと勝手にお友達になっているような感覚になります。
一問一答の視聴者さんも、これを読んでくださっているあなたも、私にとっては「友」なんです。

困難な時代ではありますが、ともに歩んでまいりましょう。

応援しています。頑張ってください。

大愚元勝

本書はYouTube「大愚和尚の一問一答」を基に、大幅な編集・修正を加えて構成しました。(p18〜21のみ、メールマガジンの音声より)

人生が確実に変わる
大愚和尚の答え
一問一答公式

2020年10月14日　第1刷発行

著　　者　大愚元勝
発 行 者　大山邦興
発 行 所　株式会社 飛鳥新社
〒101-0003 東京都千代田区一ツ橋2-4-3 光文恒産ビル
電話(営業)03-3263-7770　(編集)03-3263-7773
http://www.asukashinsha.co.jp
装　　丁　石間　淳
D T P　三協美術
校　　正　小林雄二、入江佳代子
文字起こし　水瀬なお

印刷・製本　中央精版印刷株式会社

ISBN978-4-86410-762-4

編集担当　小林徹也